Das Kinder-Dombuch

monumente Publikationen
der Deutschen Stiftung Denkmalschutz

Impressum

Verlag: Deutsche Stiftung Denkmalschutz – MONUMENTE Publikationen
Dürenstraße 8, 53173 Bonn, Tel. 02 28/9 57 35-0, Fax 02 28/9 57 35-28
Leitung: Gerlinde Thalheim
Gesamtorganisation: Gerlinde Thalheim, Heike Kühn
Lektorat: Uschi Kahlen, Heike Kühn, Angelika Werden und die 20 Kinder von Seite 118
Religionspädagogische Beratung:
Dr. Rainer Oberthür, Katechetisches Institut des Bistums Aachen
Wissenschaftliche Beratung:
Prof. Dr. E. Günther Grimme, Dr. Georg Minkenberg
Satz und Gestaltung: Rüdiger Hof, Wachtberg/Bonn
Druck: GGP Media, Pößneck

Bildnachweis

Alle Zeichnungen stammen von Heinz-Joachim Draeger, Lübeck.
Die Fotos stammen von Pit Siebigs, Aachen (S. 8, 17, 39, 62, 66, 72, 106, 120), Domkapitel
Aachen (Ann Münchow: 31, 41, 65, 68, 70, 85, 100, 103); (Pit Siebigs: 15, 45, 49, 83);
(Matz und Schenk: 94, 95).

Die Deutsche Bibliothek – CIP-Einheitsaufnahme:

Wirtz, Ágnes:
Das Kinder-Dombuch. Mit Zeitgeistern unterwegs im Aachener Dom / Illustr. Draeger,
Heinz-Joachim – Bonn: Dt. Stiftung Denkmalschutz, Monumente-Publ. 2003
ISBN 3-936942-42-0

DEUTSCHE STIFTUNG
DENKMALSCHUTZ

Ágnes Wirtz

Das Kinder-Dombuch

Mit Zeitgeistern unterwegs im Aachener Dom

Illustriert von Heinz-Joachim Draeger

MONUMENTE Publikationen
der Deutschen Stiftung Denkmalschutz

Für den kleinen Al.

Wir danken
dem Kindermissionswerk „Die Sternsinger"
für die ideelle Unterstützung.
Seit 1927 ist der Aachener Dom das
Zentralheiligtum des Kindermissionswerkes.

Unser Dank gilt auch dem Domarchiv Aachen
sowie Pit Siebigs für die Bereitstellung der Fotos.

Liebe Kinder,

dieses Buch erzählt von einem der bedeutendsten Bauwerke Europas, dem Dom in Aachen. 1978 wurde er als erstes Denkmal in Deutschland zum UNESCO-Weltkulturerbe erklärt. Er steht damit in einer Reihe mit den Pyramiden in Ägypten oder den Tempeln der Azteken in Südamerika. Wie hält man ein so gewaltiges Erbe lebendig? Allein mit Restaurieren ist es nicht getan. Wenn wir nur die Steine anschauen, weil sie ‚alt und sehr berühmt‘ sind, dann erzählen sie uns nichts. Aber hinter den Steinen und den Kunstwerken stehen Menschen, deren Schicksale mit der 1200-jährigen Geschichte des Domes verbunden sind. Wenn wir ihre Geschichten, Gedanken und Gefühle erahnen, erforschen und kennenlernen, wird das Bauwerk lebendig.

In diesem Buch trifft die Vergangenheit, die Geschichte des Domes, auf die Zukunft des Domes, auf euch! Wusstet ihr, dass der Dom ganz offiziell, nach päpstlichem Erlass den Kindern, also euch gehört?

Wir wünschen euch viel Spaß bei den Geschichten, und wenn ihr eure Begeisterung weitergebt, braucht sich niemand um die Zukunft des Weltkulturerbes zu sorgen.

Dr. Robert Knüppel
Generalsekretär
Deutsche Stiftung Denkmalschutz

Dr. Hans Müllejans
Dompropst
Aachener Dom

Die Schatzsuche

„Komm mit! Schnell!", flüsterte Anna Paul zu und sie huschten durch die noch geöffnete Tür hinein. Sie versteckten sich im Treppenturm und warteten. Die schwere Gittertür fiel hinter ihnen langsam ins Schloss. Das dumpfe Knallen hallte noch lange nach. Jetzt gab es kein Zurück mehr. Bald ging das Licht aus. Allein das laute Schnarchen eines Domwächters unterbrach die gespenstige Stille. „Nur keine Panik!", ermutigten sich Anna und Paul gegenseitig, denn keiner wollte zugeben, dass er am liebsten zurückgelaufen wäre.

Paul kramte die Taschenlampe aus Annas Rucksack und sie stiegen die Treppen immer höher. Auf der 29. Stufe blieben sie stehen, genau vor dem großen Gitter mit der Holztür dahinter. Könnte hier der Weg zum Schatz sein? Anna rüttelte kräftig am Gitter. „Wir kommen doch hinein!" „Mann, warum geht die Lampe aus?", schimpfte Paul. Um die beiden herum war es plötzlich wieder stockdunkel. Von der Holztür kam ein knarrendes Geräusch. „Sie geht von alleine auf!", staunte Anna und griff erschrocken nach Pauls Hand. Die Neugier war größer als die Angst. Sie tasteten sich in den geheimnisvollen, vom Mond halb erleuchteten Raum. Plötzlich huschte und zischte etwas um sie herum:

„Na, das ist ja eine feine Überraschung! Dass sich hier endlich mal jemand bei Nacht hineintraut! Seid herzlich willkommen!" Anna und Paul lief es eiskalt den Rücken hinunter, denn nun erkannten sie immer deutlicher eine rauchige Wolke, aus der mit der ratternden Schnelligkeit einer Nähmaschine diese Sätze hervorwirbelten.

„Aber wieso sagt ihr denn gar nichts? Oh, ich habe mich ja noch gar nicht vorgestellt: Ich bin ein Zeitgeist, der eilige Zeitgeist von heute. – Nun schaut doch nicht so erschrocken, ihr werdet schon noch verstehen, wer ich bin. Aber was ist mit euch? Mal heraus mit der Sprache! Wer seid ihr und was sucht ihr hier?"

„Ich bin Anna und das ist mein Freund Paul. Wir suchen den Schatz, der im Dom versteckt ist", antwortete Anna, die zuerst Mut gefasst hatte, dem Geist entgegenzutreten.

„Den Schatz! Ja, das habe ich mir doch gedacht. Da kann ich euch helfen. Für einen Zeitgeist wie mich nichts leichter als das. Ist es schon wieder so spät?! Ich muss weiter. Also zack, zack, ich verrate euch nur noch so viel: Ihr müsst Rätsel lösen. Aus den richtigen Antworten ergeben sich Buchstaben. Oh, ich habe keine Zeit! Schreibt die Buchstaben mit Kreide auf.

Seht ihr das Regal dort in der Ecke? Darauf stehen uralte Flaschen. Auf jeder Flasche findet ihr eine Zahl. Beginnt mit der kleinsten Zahl und alles andere wird sich finden."

„Aber, wie ..." Anna und Paul wollten gerade noch alles Mögliche fragen, doch da war der Geist auch schon verschwunden und auf dem Boden lag nur noch ein Stück weißer Kreide.

„Schau auf den Boden!", schrie Paul auf, denn wie von Geisterhand zeichnete die Kreide folgende Koordinatenkästchen auf die Schieferplatten:

Was hatte das zu bedeuten?

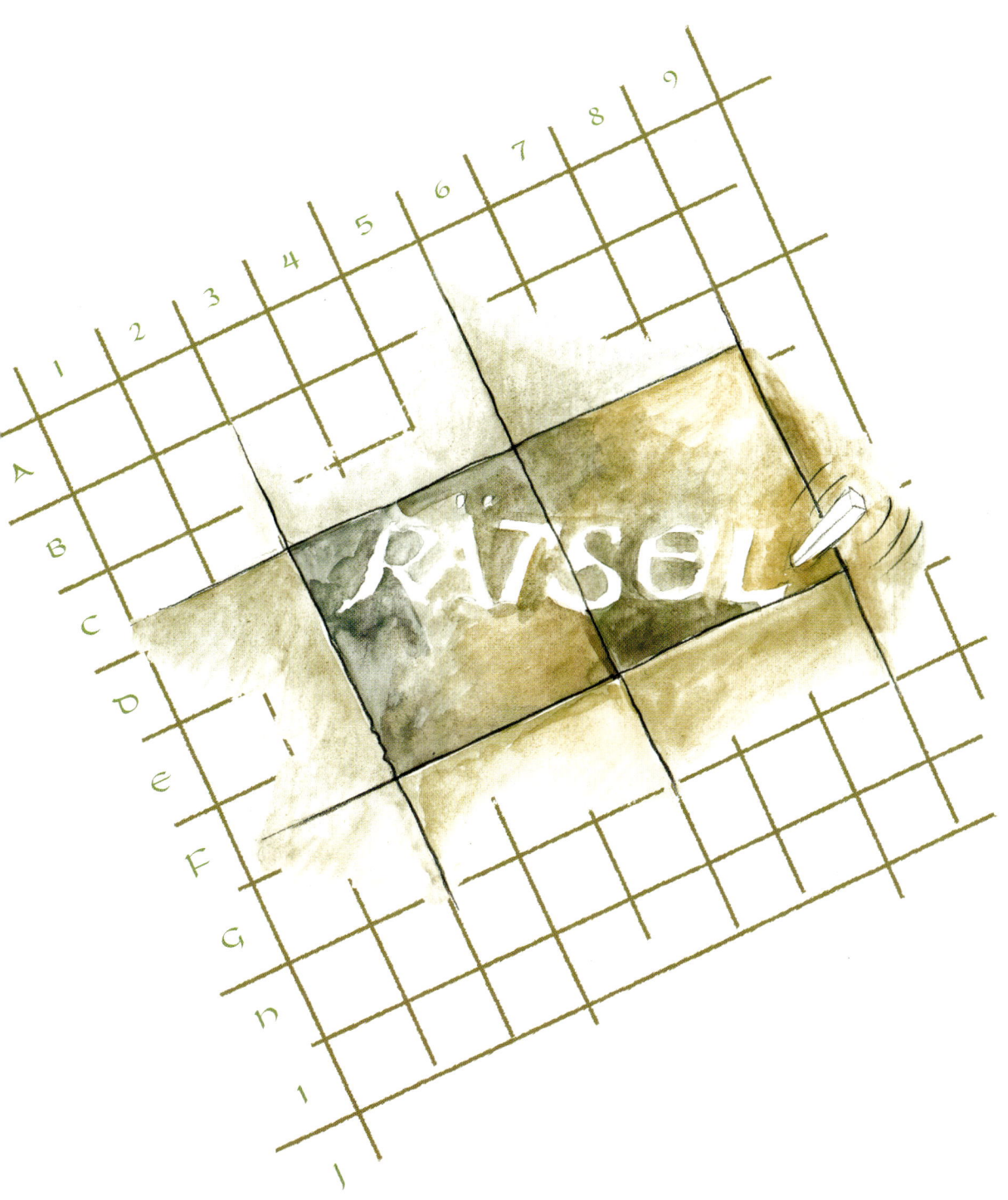

RÄTSEL

Zeitgeist 800

Es war alles so schnell gegangen. Nun standen Anna und Paul vor dem Regal und sahen sich die Etiketten auf den Flaschen genauer an. Offensichtlich führte an diesen Flaschen kein Weg vorbei. Zumindest wenn sie diesem hektischen Geist glauben sollten, waren diese Flaschen irgendwie Teil des Rätsels, um an den ersehnten Schatz zu kommen. Anna und Paul nahmen ihre Jackenärmel, um die Flaschen von den klebrigen Spinnengeweben und dem Staub zu befreien. Auf Annas Flasche war die Zahl 800 zu erkennen, bei Paul die Zahl 1000. Schnell machten sie sich daran, die Zahlen aller Flaschen zu entziffern. Die Zahl 800 blieb die kleinste. Paul fragte sich die ganze Zeit, wie sie mit dieser Flasche ein Rätsel lösen sollten.

"Lass uns den Korken herausziehen! Vielleicht ist ein Brief darin", schlug Anna vor. "Hast du denn keinen Korkenzieher dabei?", fragte sie.

"Hast du schon mal Schatzsucher gesehen, die mit Korkenziehern ausgerüstet sind?", flüsterte Paul entrüstet.

"War ja nur eine Frage. Aber du hast doch sicher einen Draht in deinem chaotischen Rucksack?"

Paul fischte ein langes Stück Draht heraus und versuchte, es so tief wie möglich in den Korken zu drücken. Das andere Ende drehte er zu einer Schlaufe. "Von wegen, kein Korkenzieher dabei!" Mit einem kräftigen Ruck wollte Paul den Korken aus der Flasche ziehen, doch er hatte den Draht wieder in der Hand, und die Flasche fiel zu Boden. Doch sie zerbrach nicht. Zusammen mit dem Korken schoss eine gewaltige

Rauchwolke aus dem Flaschenhals: „Auaaaaaa! Ach, ach! Geht das nicht ein bisschen sanfter? Ach, wisst ihr denn nicht, wie man einen Geist aus der Flasche holt? Ihr müsst nur vorsichtig die Flasche schütteln und dann dreimal ‚Zeitgeist bleibt Zeitgeist und Geistzeit bleibt Geistzeit!‘ rufen", erklärte der Geist und rieb sich seine Beulen.

„Oh das tut uns leid, wir wussten nicht, dass du da drin bist", sagte Anna. „Weißt du, wir suchen den Schatz und irgendein eiliger Geist, der sich ‚Zeitgeist‘ nennt, hat gerade hektisch angefangen zu erklären, wie es funktioniert. Doch mittendrin war er verschwunden."

„Ach, nun verstehe ich. Deswegen wolltet ihr mich aus der Flasche ziehen. Ach, da habt ihr aber Glück. Ihr braucht insgesamt sechs Buchstaben, um den Schatz zu finden. Die Buchstaben erhaltet ihr, wenn ihr die Rätsel

richtig löst. Von mir könnt ihr schon die ersten zwei erfahren, ach, aber natürlich nur, wenn ihr meine Rätsel lösen könnt."

Mit einem lauten Seufzer machte es sich der Geist auf dem Regal gemütlich. „Ach, ich bin auch nicht mehr der Jüngste. Ein Segen aber auch, dass man uns Zeitgeistern das Alter nicht ansieht. Um auf euren Wunsch zurückzukommen: Wenn ihr mein Rätsel lösen wollt, müsst ihr gut zuhören können. Dann werdet ihr eine Menge Spaß haben! Ach, übrigens bin ich nicht irgendein Geist, ich bin auch ein Zeitgeist, hier seht!", und er streckte sich, so dass man jetzt die Zahl auf seinem Bauch ganz deutlich sehen konnte. Es war die Zahl 800. „Ich bin der Zeitgeist 800. Den Zeitgeist aus eurer Zeit habt ihr also schon getroffen, der ist ja noch nicht in einer Flasche eingeschlossen. Er ist noch frei, überall unterwegs und sieht und hört alles. Ach, ich bin um das Jahr 800 herum genauso herumgegeistert und habe alles sehen und hören können, was damals passierte. Ach, waren das noch Zeiten!", schwelgte der Zeitgeist 800 bereits in seinen Erinnerungen.

„Warum sagst du immer ‚ach'?", sprach Anna die Macke des Zeitgeistes an.

„Ach, ich weiß nicht, was du meinst. Ach, da fällt mir ein, ich könnte euch meinen Kosenamen verraten, den man mir in der Großfamilie der Zeitgeister gegeben hat. Sie nennen mich: ‚Ach'. Ach, meint ihr, es hätte was mit meiner Sprache zu tun?"

„Oder mit den Anfangsbuchstaben des Jahrhunderts, in dem du Zeitgeist warst, Achthundert", lachte Paul.

„Wenn du, lieber Ach, um das Jahr 800 herumgegeistert bist, dann steckst du ja schon mehr als 1200 Jahre in der Flasche!", staunte Anna, die sehr gut in Mathe war.

„Und hat nicht Karl der Große damals gelebt?", fügte Paul hinzu.

„Ach, ich sehe schon, ihr wisst bereits eine Menge! Dann wird es wohl Zeit, dass wir mit unserem Rätsel anfangen. Ich fliege jetzt mit euch auf das Dach des Domes. Leider, ach, ich meine selbstverständlich, gehört das Fliegen bei uns Zeitgeistern zum Naturell. Ach, hoffentlich schaff' ich das noch nach so langer Zeit." Den letzten Satz nuschelte der Geist vor sich hin, während er gemächlich vom Regalrand rutschte.

„Auf dem Dach werde ich mit meiner Erzählung beginnen. Ach, ich werde euch wunderbare Geschichten ..."

„Lass uns losfliegen!", riefen Anna und Paul fast gleichzeitig, obwohl sich die beiden nicht ganz sicher waren, ob ihre Abenteuerlust oder die Angst vor dem Fliegen mit einem 1200 Jahre alten Zeitgeist stärker war.

„Ach, nur Geduld, ich muss mich nur kurz konzentrieren, um alles wieder in Erinnerung zu rufen. So, nun stellt euch rechts und links neben mich. So ist es schön. Es könnte beim Fliegen etwas windig werden. Ach, solltet ihr nicht vielleicht noch ein wärmeres Gewand überwerfen?", fragte der Zeitgeist besorgt. Und obwohl die Kinder kein wärmeres ‚Gewand' zur Hand hatten, kam ihnen der Satz irgendwie vertraut vor.

Der Geist hüllte sie in seinen wolkigen Umhang ein und hob sanft mit ihnen vom Boden ab. Er holte tief Luft und pustete so, dass sich die schweren Türen vor ihnen wie leichte Vorhänge öffneten. Sie flogen so schnell, dass sie während des Fluges gar nicht alles

erkennen konnten. Zugegeben, sie machten auch ab und an lieber die Augen zu. Plötzlich nahm die Geschwindigkeit ab und im nächsten Moment landeten sie auf ihren Allerwertesten.

„Hilfe! Paul, bloß nicht runtergucken!", warnte Anna, als sie bemerkte, dass sie sich genau auf dem Rand des Domdaches befanden. Nachdem sie sich vom ersten Schreck erholt hatten, fanden Anna und Paul, dass es doch ein Riesenspaß war. Bald ließen sie sogar fröhlich die Beine an der Mauer herunterbaumeln und genossen den herrlichen Blick über die Dächer von Aachen. Der Geist jedoch zappelte aufgeregt über ihnen in der Luft und staunte: „Ach, weh, was ist das denn? Das ist ja unglaublich! Ach, nein so was!"

„Was ist unglaublich?", fragten ihn die Kinder.

„Ach, so viele Feuer und so viele Hütten! Und die sind so hoch! Ach, was machen die Menschen denn mit so vielen Kirchen und

Palästen? Und wer hat diese wundersamen flatternden Feuer gezaubert, die sich so schnell bewegen? Die sehen gar nicht aus wie Fackeln, sondern wie lauter kleine Sterne. Ach, ich habe das Gefühl, ich träume. Ich glaube, mir wird gleich schwindelig. Zwickt mich doch mal bitte in den Arm, damit ich spüre, dass ich nicht träume." Der arme alte Zeitgeist war fast einer Ohnmacht nahe. Und das passiert sehr selten bei Geistern.

„Da musst du schon zu uns runterfliegen, dann zwicken wir dich gern!", lachte Anna, die schon Vertrauen zum Zeitgeist gefasst hatte.

„Achahahaaaa! Achihihihi! Hört auf! Achihihihi, bitte! Ach, ich hab gesagt zwicken, nicht kitzeln!", juchzte der Geist.

„Aber jetzt weißt du, dass du nicht träumst. Es gab wohl zu deiner Zeit noch nicht so große Häuser?", wollte Paul wissen.

„Nein. Es gab nur ganz wenige kleine Hütten, die aus Holz und Lehm gebaut waren", antwortete der Zeitgeist, „und es gab auch nicht solche funkelnden Feuer und Bilder wie dort unten."

„Also kein elektrisches Licht und keine Leuchtreklame. Aber diese Begriffe wirst du wohl nicht verstehen. Weißt du, diese Lichter sind wie Kerzen, nur ohne Flamme", machte sich Anna an den schweren Versuch, einem Zeitgeist von 800 die modernen Errungenschaften zu erklären.

„Und diese neuartigen Lampen", fuhr Anna fort, „sind hinter all diesen großen bunten Buchstaben oder Bildern versteckt, um auch in der Nacht die verschiedensten Sachen zum Kauf anzubieten."

„Zu meiner Zeit geschah das auf Märkten. Je nach Ortschaft waren sie mal kleiner, mal größer." Der Zeitgeist schien sich langsam wieder zu erholen, und lauschte den Erklärungen der Kinder mit großem Interesse. Dann schaute er sich verwundert auf dem Dach um: „Was hat man inzwischen alles angebaut! Hier ist ja gar nichts mehr wie früher! Zu meiner Zeit gab es nur diesen fast runden Bau mit einem anderen Dach und die zwei Türme am Eingang. Wohin ich nur schaue, sehe ich jetzt lauter hohe Dächer."

„Nun, erzähl' du bitte über deine Zeit!", drängte Paul. Dies ließ sich der Zeitgeist nicht zweimal sagen.

„Ach, ihr werdet sehen, es war schon eine unglaublich spannende Zeit, auch wenn es in meinem Jahrhundert hier anders aussah. Bevor der Dom gebaut wurde, stand zwischen den kleinen Häusern genau an dieser Stelle eine kleine Kapelle, auf die die Menschen sehr stolz waren. Diese Kapelle hatte nämlich ein König mit dem Namen Pippin, Pippin der

Kurze, erbauen lassen." Als der Geist diesen Namen nannte, brachen die Schatzsucher in lautes Gelächter aus. Beinahe wären sie vom Dach gefallen. „Ach, der arme Mann konnte doch nichts dafür, dass er so hieß. Mit ‚kurz' meinte man gar nicht seine Gestalt, sondern dass er im Gespräch ständig so kurz angebunden war", bemerkte der Geist 800 und fuhr fort:

„Dieser Pippin hatte zwei Söhne: der ältere hieß Karl, der jüngere Karlmann. Als König Pippin starb, erbte Karl die eine Hälfte und Karlmann die andere Hälfte des Reiches. Karlmann starb aber auch bald und so gehörte Karl plötzlich das ganze, große Reich seines Vaters alleine. Er wollte aber noch mehr besitzen und eroberte mit seinen Soldaten immer mehr Gebiete. Ihr müsst bedenken, dass die Menschen in den vielen kleinen Siedlungen meist gar nicht wussten, was außerhalb ihres Tals oder hinter ihrem Wald passierte. Zumal sie sich mit ihren Nachbarn meist stritten und ihnen Neuigkeiten erst recht nicht weitererzählten."

„Es gab ja weder Telefone noch abends die Nachrichtensendung", unterbrach Paul lachend und wandte sich Anna zu: „Sollen wir auch noch erzählen, dass man heute durchs Internet surfen und ganz schnell erfahren kann, was in Amerika gerade passiert?"

„Hör auf, Paul, sonst wird es dem Geist wirklich noch so schwindlig, dass er vom Dach fällt. Erzähl bitte weiter!", drängte Anna den Geist.

„Ach, ihr werdet also verstehen, dass es gar nicht schwierig war, mit hundert Reitern solch eine Siedlung zu überraschen und zu sagen: ‚Nun gehört ihr auch zu unserem Reich!' So herrschte Karl bald über ein riesiges Königreich. Die Schwierigkeit bestand also nicht in der Eroberung, sondern vielmehr darin, die eroberten Gebiete zusammenzuhalten und zu regieren. Denn er musste immer selbst überall hinreiten, um zu zeigen, dass er der König war.

Als der Papst, der auch damals schon in Rom lebte, erfuhr, dass Karl so mächtig geworden war, bat er ihn um Schutz durch seine Soldaten für den Fall, dass ihn Feinde bedrohen würden. Der Papst lud ihn ein, nach Rom zu kommen und ihn zu besuchen. Wart ihr schon einmal in Italien?"

„Ich war schon dort am Meer."

„Und wie lange bist du dorthin gelaufen, Paul?"

„Wir sind doch nicht gelaufen! Wir sind mit dem Zug gefahren. Das war eine ganz schön lange Fahrt, es hat mehr als einen ganzen Tag gedauert. Ich weiß noch, wie meine kleine Schwester den ganzen Tag lang fragte: ‚Wann sind wir denn endlich da?'"

Nun gehört ihr auch zu unserem Reich!

„Einen Tag? Ach, das geht doch gar nicht! Dafür würden nicht mal meine Zauberkünste reichen."

„Weißt du", erklärte Paul, „der Zug ist eine Erfindung, durch die man sehr schnell von einem Ort zum anderen gebracht werden kann. Er ist wie eine riesenlange Kutsche, die aber ohne Pferde fährt. Dafür rollt er auf Schienen und ist viel schneller als ein Pferd im Galopp. Der Zug fährt sogar in einer Höhle durch die Berge hindurch, das nennt man dann Tunnel. Und auf dem Weg nach Rom gibt es eine Menge Berge und sehr lange Tunnel. So kürzt man den Weg durch die Alpen ab", erklärte Paul.

„Ach, dann könnt ihr euch vielleicht vorstellen, wie lange damals die Reise von König Karl gedauert hat! Mit Pferden mussten sie reisen und auf Ochsenkarren wurde das Gepäck transportiert. Karl und sein riesiges Gefolge reisten im Winter, und der hohe Schnee, Eis und Schneestürme erschwerten die ohnehin gefährliche Reise. Sie waren wochenlang unterwegs, bis sie endlich in Rom ankamen. Und alle waren sehr gespannt auf diese berühmte Stadt, denn jeder aus dem Gefolge wusste, dass die Stadt lange Zeit vor ihnen der Mittelpunkt eines riesigen und mächtigen Reiches gewesen war."

„Das war das Römische Reich!", unterbrach Anna den Geist. „Der römische Kaiser trug einen Lorbeerkranz und ein weißes Gewand, ich glaube, das hieß Tunika. Die Römer haben sehr viele Kriege geführt, auch auf dem Meer."

„Ach, gut, dass ihr schon so viel über die Römer wisst, denn da kenne ich mich nicht so gut aus, das wissen andere Zeitgeister. Ich weiß nur, dass es zu meiner Zeit dieses riesige Römische Reich schon lange nicht mehr gab. Es gab nur noch einen Teil davon mit der Hauptstadt Konstantinopel."

„Wo ist das denn?", fragte Anna.

„Darüber habe ich bei meiner Großmutter ein Buch gelesen. Konstantinopel war die Hauptstadt des Byzantinischen Reiches. Heute heißt die Stadt nicht mehr Konstantinopel, sondern Istanbul. Das ist eine große Stadt in der Türkei. Unsere Freundin Fulya kommt aus Istanbul. Das muss eine tolle Stadt sein", schwärmte Paul.

„Das war sie auch damals", fuhr der Geist mit seiner Erzählung fort. „Also in dieser Stadt, die weit weg von Rom oder Aachen war, lebten Kaiser, die ihr Reich noch ‚Römisches Reich' nannten, obwohl es nur noch der letzte Teil des großen Römischen Reiches war. Paul, wie hieß noch das Land, wo heute Istanbul liegt?"

„Die Türkei."

„Also dort regierten die Kaiser den Rest des Römischen Reiches. Die Hauptstadt hieß zuerst Byzanz, dann Konstantinopel, genannt nach Kaiser Konstantin. Dieser brachte damals schon die schönsten Schätze aus Rom mit in seine neue Stadt. So besaßen zu meiner Zeit um 800 die Kaiser in Konstantinopel die wertvollsten Kunstwerke aus dem alten Rom. Rom dagegen war gar nicht mehr so schön, denn viele der wunderbaren Bauten waren zerstört. In Rom lebte nun kein Kaiser mehr, dafür aber der Papst. Die meisten Römer in früheren Zeiten hatten ja an viele Götter geglaubt."

„Ja, und der Hauptgott war Jupiter", bemerkte Paul stolz, „und ich kenne noch Venus, sie war die Göttin der Schönheit."

„Genau, und es gab noch eine ganze Menge anderer Götter, die von den Menschen verehrt oder auch gefürchtet wurden. Als aber das Römische Reich zerfiel, wandten sich immer mehr vom Glauben an viele Götter ab. Sie glaubten nur noch an den einen Gott, der sich den Juden des Volkes Israel gezeigt hatte und der sich für sie in Jesus Christus neu zeigte. Jesus kam als Jude zur Welt, als das Römische Reich noch bestand. Später haben die Christen angefangen, die Jahre seit Christi Geburt neu zu zählen. Ich bin der Zeitgeist 800, gerechnet vom Tag der Geburt Jesu.

Kaiser Augustus lebte, als Jesus geboren wurde und war der erste Kaiser des Römischen Reiches. Viele spätere Kaiser ließen die Christen verfolgen. Aber trotzdem gab es immer mehr Menschen, die an den einen Gott glaubten und an Jesus Christus, als seinen Sohn. Als das Römische Reich dann größer und größer wurde, konnte kein Kaiser mehr das riesige Reich regieren und es zerfiel."

„Das ist wohl wie mit den Luftballons, wenn man sie immer weiter aufpustet, dann zerplatzen sie irgendwann, und zwar ganz schön laut", flüsterte Anna Paul ins Ohr. Der Geist war aber so sehr in seine Erzählung vertieft, dass er gar nichts bemerkte und weiterredete:

„Dann kam dieser römische Kaiser mit Namen Konstantin auf den Thron, der nicht mehr in Rom regierte, sondern in Konstantinopel.

Stellt euch vor, dieser Kaiser ließ sich sogar taufen. Und nach und nach hat dann auch niemand mehr römische Tempel erbaut. Die alten Tempel sind langsam verfallen. Statt dessen entstanden immer mehr Kirchen für die christlichen Gemeinden, groß und prächtig, denn die Kaiser in Konstantinopel hatten sehr viele Schätze und Gold. Auch in Rom wurden wunderschöne Kirchen gebaut und die Stadt hatte sich schon sehr verändert, als Karl dorthin reiste.

Ihr könnt euch vorstellen, wie geschafft Karl und sein Gefolge waren, als sie die Alpen endlich hinter sich hatten. Zunächst waren sie froh, dass sie die schweren Pelze ausziehen konnten. Die Sonne schien so warm, dass die gefrorenen Bärte der Männer endlich wieder auftauten. Und die Stadt Rom hat den meisten von Karls Männern die Sprache verschlagen. Auf dem Weg zum Papstpalast blieben einige immer wieder stehen und schauten sich um. Einige der großen alten Bauten der Römer waren noch erhalten. So viele steinerne Gebäude hatten sie noch nie gesehen. Als sie das berühmte Kolosseum erblickten, staunten sie gewaltig."

„War der Papst überrascht, dass Karl wirklich den weiten Weg auf sich nahm und nach Rom gekommen war?", fragte Paul.

„Der Papst war so glücklich darüber, dass Karl ihn nun beschützte, dass er ihn dafür sogar zum Kaiser krönte."

„Ein Kaiser ist mächtiger als ein König", bemerkte Anna.

„Natürlich, das weiß doch jeder", stöhnte Paul.

„So, nun war Karl ein Kaiser und der mächtigste Mann weit und breit."

Da unterbrach Anna den Geist: „Aber es gab doch schon einen Kaiser in Konstati..."

„In Konstantinopel. Ach, du bist ja primissimus, Anna! Das war zu diesem Zeitpunkt sogar eine Kaiserin. Der Hof in Konstantinopel war natürlich nicht so glücklich darüber. Aber man sagte sich, solange Karl so weit weg regiert, brauche man sich keine Sorgen zu machen."

„Ja, ich weiß", sagte Anna. „Sein Reich war nämlich dort, wo heute die Türkei und Griechenland liegen. Karl dagegen regierte ein Reich, das heute ungefähr Frankreich, Belgien, Holland, Teile von Deutschland, Spanien und auch von Italien umfasst. Also fast ganz Europa!"

Paul sah Anna sprachlos an und sie fügte noch schmunzelnd hinzu: „Ich guck mir eben gerne Landkarten an."

Der Zeitgeist freute sich über Annas Wissen und erzählte weiter:

„Als Karl nun Kaiser war, überlegte er sich: ‚Seitdem das große Römische Reich zerfallen ist, bin ich der erste, der wieder solch ein großes Reich besitzt. Und nun bin ich auch noch vom Papst in Rom zum Kaiser gekrönt worden und deshalb genauso mächtig wie früher ein römischer Kaiser. So soll mein Reich wieder Römisches Reich heißen und ich bin ein römischer Kaiser wie Augustus einer war.'"

„Aber Augustus glaubte doch an römische Götter! Und Karl war doch ein Christ!"

„Das ist richtig, Paul, und deshalb hat Karl gesagt: ‚Ich bin nicht nur Kaiser des Römischen Reiches, sondern auch der Vertreter von Christus hier auf der Erde!'"

„So ein Angeber!", warf Anna spontan ein.

„Was heißt denn Vertreter von Christus? Christus kann man doch nicht vertreten, der ist doch im Himmel!"

„Ja, Paul. Gerade deswegen sagte Kaiser Karl: ‚Da Christus im Himmel thront, will ich hier auf Erden thronen, stellvertretend für ihn.'"

„Aber der Papst ist doch der Vertreter Christi!", fiel es Anna ein. „Was hat denn der Papst dazu gesagt, als Karl so angegeben hat?"

„Anna, der Zeitgeist erzählte doch gerade, dass der Papst nicht so viele Soldaten hatte wie Karl, also auch nicht so mächtig sein konnte, Karl zu widersprechen."

„Ach, welche spannenden Diskussionen! Aber ich gebe zu, ich bin jetzt ein bisschen verwirrt durch eure schlauen Fragen. Damals, um das Jahr 800 herum, hat sich für mich alles ganz logisch angehört. Damals glaubten alle, dass das so richtig ist, was Karl sagte. Kaum einer stellte solche Fragen wie ihr. Ich muss in meiner Flasche mal in aller Ruhe überlegen." Dabei kratzte er sich nachdenklich am Kopf und legte die Stirn in Falten. Aber schon fuhr er wieder fort: „Für euer Rätsel gebe ich euch jetzt einen Tipp: Merkt euch gut, wofür Karl sich hielt: nämlich erstens für einen römischen Kaiser und zweitens für den Vertreter von Christus auf der Erde. Mehr wird nicht verraten!"

„Wann kommt Karl denn nach Aachen?", fragte Paul ungeduldig.

„Dazu komme ich jetzt. Karl war nun der mächtige Kaiser des neuen Römischen Reiches. Er regierte, indem er mit seinem Gefolge von Ort zu Ort zog. Eigentlich war er immer nur unterwegs und schaute überall nach dem Rechten, gab Befehle, schlichtete Streit und führte Kriege. Er hatte überall Pfalzen, wo er unterwegs wohnen konnte. Aber nun wollte er für sein großes Reich auch ein Zentrum schaffen."

„Und das sollte Aachen sein!", jubelte Paul.

„So einfach war seine Entscheidung auch wieder nicht, aber meinetwegen, wir kürzen ein bisschen ab, um endlich nach Aachen zu kommen. Er hat tatsächlich Aachen als Zentrum seines Reiches ausgewählt. Warum wohl?"

„Hier gibt es heiße Quellen!", kam Annas Antwort wie aus der Pistole geschossen. „Denn Karl hat sicher gefroren."

Das kann nur gut sein für meine müden Knochen!

„Ist doch klar", warf Paul ein. „In Italien war er die Wärme gewöhnt und dann kam er hier nach Deutschland, wo es doch so oft regnet."

„Das hieß damals nicht Deutschland."

„Gut, Anna, da hast du Recht, so könnte es gewesen sein. Wenn er auf dem Pferd in seinem Reich unterwegs war, fror er oft, und dann freute er sich über die warmen und zudem noch gesunden Quellen in Aachen. Man erzählt sogar, dass Karl Rheuma gehabt hat. Das ist eine Krankheit, bei der einem besonders Kälte und Feuchtigkeit nicht gut tun. So konnte er durch das heilende Wasser seine Schmerzen lindern."

„Es stinkt nur so", rümpfte Paul die Nase. „Wir mussten es mal probieren, als wir mit der Klasse einen Ausflug zum Elisenbrunnen gemacht haben. Der Ricki hat sich sogar fast übergeben."

„Karl jedenfalls freute sich über die heißen Quellen", fuhr der Zeitgeist fort, „und außerdem gab es in den Wäldern genug Wild zu jagen, denn er war ein begeisterter und guter Jäger. Ob es noch mehr Gründe gab, Aachen zu wählen, weiß ich auch nicht, denn was im Kopf von Karl vorging, konnte selbst ich als Geist nicht wissen. Viele mögen sich damals gewundert haben, aber ich kann ihn verstehen, denn ich finde es einfach schön hier. Die ganze Aachener Gegend gefällt mir. So dachte wohl auch Karl und entschied sich: hier sollte etwas Besonderes entstehen.

Als erstes plante er eine prächtige Kirche und eine Königshalle. Er wollte natürlich der ganzen Welt zeigen, wie reich und mächtig er war. Alle sollten von diesem Zentrum sprechen. Also ran an die Arbeit! – Wenn das so einfach gewesen wäre ... Karl konnte doch nicht zu den Menschen, die hier in ihren Hütten wohnten, die Felder bearbeiteten oder Vieh züchteten, hingehen und verlangen, sie sollten bitte schön den prächtigsten Dom weit und breit bauen. Diese Menschen hatten doch in ihrem Leben nie einen steinernen Bau gesehen, der höher war als eine ausgewachsene Eiche, und erst recht hätten sie nie einen solchen konstruieren und mit Kunstwerken schmücken können."

„Sicher hätten sie Karl geantwortet: Ich kann ihnen Möhren anbauen so viele sie wollen, aber keinen Dom!", überlegte Anna.

„Oder sie hätten einen Dom gebaut, der aber gleich wieder eingestürzt wäre", meinte Paul.

„Mag sein, ihr beiden. Auf jeden Fall war es für Karl klar, dass er die besten Baumeister, die besten Handwerker, die besten Schmiede und

Ich kann ihnen Möhren anbauen so viele sie wollen, aber keinen Dom bauen!

die besten Künstler brauchte. Und er sagte sich: ‚Wenn ich sie hier nicht finde, dann hole ich sie aus einer anderen Gegend.'

So überlegte er, wo er schon einmal sehr schöne Bauwerke gesehen hatte, denn dort glaubte er auch gute Baumeister zu finden. Mit ihnen wollte er dann etwas Ähnliches bauen."

„Bestimmt nicht nur ähnlich, sicher wollte Karl sogar besser bauen!", warf Paul ein.

„Ja, und so sammelte Kaiser Karl zunächst aus seinem Reich die besten Leute, die er finden konnte. In Italien gab es die meisten großen Prachtbauten und daher auch gute Bauleute. Außerdem gab es dort Bronzegießer, die von ihren Vorfahren gelernt hatten, wie man riesige Bronzegitter und Bronzetüren herstellt."

„Was haben diese Leute denn gesagt, als Karl ihnen sagte, sie sollen nach Aachen gehen?", wollte Anna wissen.

„Sie fühlten sich natürlich geehrt, dass sie für den Kaiser arbeiten durften", antwortete Paul.

„Das glaube ich nicht. Es ist ganz schön weit von Italien bis nach Aachen, viele wollten sicher ihr Zuhause gar nicht gern verlassen."

„Da hast du sicher Recht, Anna. Nicht alle haben sich gefreut, die monatelange gefährliche Reise auf sich zu nehmen, um in einem fremden, viel kälteren Land zu arbeiten. Aber sie hatten keine Wahl. Dem Kaiser widersprach man nicht.

Jetzt zeigt mal, was ihr so könnt!

Aber nicht nur aus Italien holte er seine Fachleute, sondern auch aus dem Norden, zum Beispiel aus Irland und England. Karl hatte eine Menge Ideen, was er alles verändern und verbessern könnte. Er wollte sogar eine Schule gründen, denn so etwas gab es an seinem Hof bisher noch nicht. Dazu holte er auch die klügsten Menschen nach Aachen. Das waren Gelehrte, sehr gebildete Leute, Künstler, Philosophen und Dichter sollten hier ihr Können zeigen und weitergeben.

Hinzu kam, dass er sich als Vertreter von Christus verpflichtet fühlte, dafür zu sorgen, dass alle Menschen fest an Gott glaubten."

„Aber das kann man doch nicht erzwingen!", ereiferte sich Anna.

„Siehst du, darüber habe ich damals auch nicht nachgedacht. Jetzt glaube ich, dass du Recht hast. Karl dachte aber, man könne das wie ein Gesetz verordnen. Er hat zum Beispiel befohlen, dass alle Menschen das Glaubensbekenntnis und das Vaterunser auswendig lernten. Er hat dafür gesorgt, dass die alten Bibelbücher, die vielleicht hässlich oder fehlerhaft waren, neu geschrieben wurden. Das war ganz schön mühsam. Zu meiner Zeit haben die Mönche Bücher mit der Hand geschrieben. Bei all dem, was ich bisher von euch erfahren habe, glaube ich, dass ihr für das Bücherschreiben auch ein Zauberwerk benutzt."

„Und was für Zauberwerke wir dafür haben!", kicherte Anna mit einem verschmitzten Blick auf Paul.

„Was meint ihr, wie lange es dauerte, bis ein Mönch eine Bibel geschrieben hatte?"

„Zu Hause haben wir eine Bibel. Ich werde mal probieren, wie lange es dauert, eine Seite daraus abzuschreiben."

Den könnte ich doch abmalen, der sieht genauso aus wie ein Evangelist.

„Vor allem, Anna, musst du ohne Fehler abschreiben!", fügte Paul hinzu.

„Ich weiß nicht, wie deine Bibel aussieht, aber zu Karls Zeit wurden die Bücher auch mit Bildern geschmückt", erzählte der Geist.

„So ein Buch habe ich in der Schatzkammer schon mal gesehen. Da sind Männer auf einer Seite abgebildet, die die Geschichten über das Leben von Christus aufgeschrieben haben."

„Anna, diese Männer heißen Evangelisten!", bemerkte Paul. Er glaubte, alles ein bisschen besser zu wissen.

„Ach, an das Buch kann ich mich noch genau erinnern", freute sich der Geist. „Der Meister, der diese Bibel ausgemalt hat, war mächtig stolz auf diese Seite. Alle strömten in seine Schreibstube, um sich das Buch anzuschauen. Ich habe ihn beobachtet, wie er ganz alte Bücher, die von den Römern gemalt worden waren, angesehen hat, denn er wusste gar nicht, wie er die vier Evangelisten malen sollte. Dabei entdeckte er eines Tages ein Bild, das einen römischen Philosophen darstellte. Dieser Philosoph war in eine Tunika gekleidet und über ein Schreibpult gebeugt. Da dachte der Meister: ‚Den könnte ich doch abmalen, der sieht genauso aus wie ein Evangelist, der gerade Geschichten von Jesus aufschreibt.‘"

„Der war ja ein Betrüger! Der hat ja nur von anderen abgeguckt!", Paul war empört.

„Nein, Paul, er war kein Betrüger. Wie soll ich euch das erklären? Die Aufgabe dieser Künstler war die gleiche wie die der Schreiber: die Schreiber mussten die Worte der Bibel genau abschreiben und die Buchmaler mussten die dazugehörigen Bilder abmalen. So wie jeder Schreiber eine andere Schrift hat, so hatte auch jeder Maler eine andere Art, ein zu Bild gestalten. Wenn die Buchmaler in der einen Bibel, aus der sie abschrieben, kein passendes Bild fanden, dann suchten sie eben in einer anderen Bibel nach einer Vorlage für die vier Evangelisten. Sicherlich konnte der Maler etwas mehr verändern als der Schreiber, aber ein Bild zu kopieren war eine ganz normale Sache. Wisst ihr was? Ich habe große Lust, dieses schöne Buch wiederzusehen. Kommt, wir huschen in die Bibliothek der Palastschule!"

„Die gibts doch gar nicht mehr! Es gibt noch einige alte Bücher in einem Museum am Dom, und das ist die Domschatzkammer!", klärten die Kinder den etwas enttäuschten Geist 800 auf.

„Ach, dann fliegen wir eben in die Domschatzkammer!"

Der Geist freute sich offensichtlich so sehr auf das alte Buch, dass er vergessen hatte, wie ungern er doch fliegt. So packte er Anna und Paul einfach unter die Arme und schon schwebten sie durch die schwere Panzertür der Domschatzkammer, die der Geist vor sich öffnete, als hätte sie gar kein Schloss. Anscheinend gab es für Geister keine Hindernisse.

Als sie vor der dunklen Vitrine standen, kramte Anna die Taschenlampe wieder aus ihrem Rucksack heraus. Der Geist war ganz entzückt von dieser Erfindung: „Ach, das ist wohl auch so eine Kerze ohne Flamme!". Dabei versuchte der Geist, das Licht der Lampe wieder auszupusten.

„Die kann man doch nicht auspusten, die musst du hier ausschalten", erklärte Paul dem Zeitgeist. „Und hier knipst du sie wieder an, bevor du auf die Idee kommst, sie anzuzünden", fügte Paul lachend hinzu.

„Ach ist das großartig! So sieht man ja viel mehr als bei Fackellicht!"

„Aber wir dürfen das Licht nicht zu lange darauf halten, denn das schadet der Farbe in dem Buch!", wusste Paul sehr genau.

„Was bedeuten denn diese Tiere mit den Flügeln über den Evangelisten?", fragte Anna.

„Das sind Symbole. Symbole sind Zeichen für etwas oder weisen auf etwas hin, das man mit Worten nicht so gut sagen kann. Hier ist es das Geheimnis des Glaubens."

„So wie die rote Rose ein Zeichen für die Liebe ist?"

„Ja, Anna, so ähnlich. Diese Tiere mit den Flügeln sind dazu da, dass man erkennt, wer diese vier Menschen sind. Sonst müssten sie ja Namensschilder tragen. Wenn man zu meiner Zeit ein Bild mit einem schreibenden Mann und einem fliegenden Löwen gesehen hat, dann wussten alle sofort: Das ist der Evangelist Markus. Der mit dem geflügelten Stier ist der Evangelist Lukas. Der Evangelist Matthäus hat einen Engel als Symbol und der Evangelist Johannes einen geflügelten Adler. Diese Zeichen waren ganz wichtig, denn außerhalb der Klöster konnten nur wenige Menschen lesen."

„Stell dir vor, Anna, wenn wir nicht lesen lernen müssten, dann gäbe es auch keine Schule", grinste Paul, „aber auch keine Bücher, kein Internet und noch nicht einmal ein Kinoprogramm", musste Paul sich eingestehen. „Wie könnte man dann überhaupt zurechtkommen?"

„Karl der Große war doch nicht im Kloster, konnte er denn lesen?",
fragte Anna.

„Ja, er konnte lesen, aber nicht schreiben. Um so wichtiger waren
Zeichen und Bilder wie diese. Ich werde euch noch weitere solcher Zeichen deuten, damit ihr auch viele andere Bilder versteht. Wenn ihr also

irgendwo einen Mann mit einem geflügelten Löwen seht und andere herumraten, was das denn für ein Märchen sei, dann werdet ihr genau wissen: Aha, das ist einer der Männer, die das Leben von Jesus aufgeschrieben haben, nämlich Markus."

„Und was sind das für Kreise um die Köpfe der Evangelisten?"

„Das ist auch ein Zeichen und bedeutet: Dieser Mensch ist ein Heiliger. Deswegen sind diese Heiligenscheine manchmal sogar mit Gold gemalt. Ach ich bin ja so glücklich, dass ich das Buch wiedersehen konnte. Schade, dass all die anderen Bücher, die hier in Aachen gemalt wurden, verschwunden sind.

Den Ort, wo sie entstanden und wo die Gelehrten und Künstler gearbeitet haben, nannte man übrigens die ‚Palastschule'. Was glaubt ihr, was das für eine Stimmung war, als so viele interessante Menschen am Hof Karls verkehrten. Jeder von ihnen war etwas ganz Besonderes auf seinem Gebiet. Und alle hatten das Ziel, einerseits noch viel mehr über die Welt, über die Menschen und über Gott zu erfahren und andererseits all ihr Wissen an andere weiterzugeben. Ach, das war meine Lieblingsbeschäftigung, mich in die Palastschule hineinzuschmuggeln. Diese wunderbaren Diskussionen! Manchmal haben sich die Gelehrten auch kräftig gestritten, weil sie unterschiedlicher Meinung waren."

„Du meinst da flogen wohl die Fetzen!", doch Paul merkte am Gesichtsausdruck des Zeitgeistes, dass man dieses Wort um 800 nicht kannte.

„Ach, wisst ihr, es war immer richtig lebendig. Einmal, als der Dichter Theodulf ein Gedicht vortrug, weinten alle im Saal vor Rührung, und beim nächsten Gedicht wälzten sie sich vor Lachen auf dem Boden. Da stand der Künstler aus Italien neben dem Mönch aus England und amüsierte sich über einen spanischen Dichter."

„Aber wie haben sich diese Menschen denn verständigt? Vielleicht mit Händen und Füßen?", fragte Paul.

„Latein war die gemeinsame Sprache, so wie vorher im Römischen Reich. Auch die Bibel schrieb man in lateinisch. Aber die Gelehrten konnten auch viele andere Sprachen.

Sie alle hatten die Vorstellung, aus Aachen ein geistiges, also ein gelehrtes Zentrum des Reiches zu machen, mit dem Dom in der Mitte", setzte der Geist seine Erzählung nicht ohne Stolz fort. „Karl hatte ganz genaue Vorstellungen, wie der Dom auszusehen hatte. Bei der Umsetzung seiner Ideen ließ er sich von seinen Gelehrten beraten. So sind in der Palastschule auch die Pläne für den Dom entstanden.

Aber jetzt habe ich genug von der Palastschule geschwärmt, lasst uns wieder zurückfliegen in den Dom. Kommt, ich fliege los!" Anna und Paul hielten sich schon so routiniert am Gewand des Geistes fest, als ob sie täglich mit Geistern fliegen würden.

Schon im nächsten Augenblick standen sie draußen im dunklen Domhof direkt vor der bronzenen Haupttür. Diesmal ergriff Anna das Wort: „Hier, lieber Geist, können wir dir was erzählen. Da wirst du staunen! Wir kennen nämlich eine Geschichte, wie der Dom gebaut wurde. Und das war so: Als Karl der Große wusste, wie sein Dom aussehen sollte, und als er alles mit seinen Beratern besprochen hatte, ließ er viele Säcke Gold zurück und machte sich auf den Weg, um Krieg zu führen. Er befahl den Aachenern, den Dom bis zu seiner Rückkehr fertig zu bauen. Und weg war er.

Die Aachener haben das Geld genommen und gar nicht daran gedacht, davon Steine und Werkzeug zu kaufen. Erst einmal feierten sie Feste, aßen und tranken viel und kauften sich schöne Sachen, so dass das Gold sehr schnell verbraucht war. Nun standen sie da, ohne Gold, und bekamen große Angst, dass Karl zurückkommen könnte. Sie konnten den Dom aber nicht ohne Geld bauen. Während sie so grübelten, überraschte sie der Teufel höchstpersönlich. Er bot den Aachenern das nötige Geld an, natürlich nicht ohne Hintergedanken. Als Gegenleistung verlangte er die erste lebendige Seele, die den Dom betreten würde. Der Teufel wusste genau, dass bei der feierlichen Weihe des Domes Kaiser Karl als Erster durch die Haupttür schreiten würde. ‚Hmmm‘, dachte der Teufel, ‚wird es fein, dem Kaiser die Seele herauszureißen!‘ In ihrer Not überlegten die Aachener nicht lange und gingen auf das Angebot ein. ‚Gib uns schnell das Geld, alles andere sehen wir dann später‘, sagten sie und bauten innerhalb kurzer Zeit den Dom fertig. Kaiser Karl kam zurück und freute sich über den prächtigen Bau. Bald kam der große Tag, an dem der Dom geweiht und zum ersten Mal eine Messe gefeiert werden sollte. Der ganze Hofstaat wartete feierlich gekleidet vor dem Portal. Karl in seinem kaiserlichen Prachtgewand stand ganz vorne. Er wollte als Erster die Kirche betreten. Schon legte er die Hand auf die Türklinke ...“

„Jetzt mach es doch nicht so spannend!“, unterbrach Paul.

„In diesem Moment“, fuhr Anna fort, „schickten die Aachener eine Wölfin, die sie im Wald gefangen hatten, vor Karl durch die Bronzetür. Verlangt war ja nur eine lebendige, aber keine menschliche Seele. Der Teufel, der bereits voller Vorfreude im Inneren des Domes auf Karls Seele gewartet hatte, schaute gar nicht so genau hin, als sich die Tür öffnete. Er stürzte sich blind auf die Wölfin und riss ihr die Seele aus dem Leib. Als er merkte, dass er nicht Karl zwischen den Krallen hatte, sondern

ein Tier, wäre er vor Wut fast geplatzt. So geschickt hatten ihn die Aachener hereingelegt. Zornig rannte er aus dem Dom und schlug die große Türe so fest zu, wie er nur konnte. Der ganze Dom sollte zusammenbrechen. Die Aachener aber hatten ihn so stabil und gut gebaut, dass auch der Teufel ihn nicht zum Einstürzen bringen konnte. Nur die Bronzetür bekam durch das heftige Zuschlagen einen Riss, und den können wir heute noch sehen."

Anna richtete ihre Taschenlampe auf diese Stelle der Tür.

„Beim Zuschlagen ist außerdem der Daumen des Teufels, den er sich im Türgriff eingeklemmt hatte, abgerissen worden. Noch heute kann man dort auf der rechten Seite den Finger fühlen. Er ist kalt, glatt und richtig gruselig!"

Der Geist stand immer noch im Bann dieser teuflischen Geschichte, als Paul ihn aufforderte, seine Hand in den Türgriff, der wie ein Löwenmaul aussieht, zu legen. Da brach der Geist plötzlich in schallendes Gelächter aus: „Verflixt! Da bin ich euch auf den Leim gegangen! Ich habe die ganze Zeit überlegt, ob ich damals wohl etwas verpasst habe. Das kann aber gar nicht sein. Trotzdem war das eine tolle Geschichte!"

Anna und Paul freuten sich, dass der Geist an der Dombau-Sage so viel Spaß hatte.

„Manches stimmt ja auch an der Geschichte", fuhr der Geist fort, „Karl war nämlich sehr glücklich, als der fertige Dom geweiht wurde. Aus dem ganzen Reich strömten die wichtigen Leute zu diesem großen Fest nach Aachen. Vom Domhof aus zog Kaiser Karl feierlich in seine Kirche ein. Zu diesem Zweck ließ er einen großen Bogen bauen. Schaut, er erinnert an einen Triumphbogen!"

„Ich habe in Rom einen Triumphbogen gesehen. Vielleicht wollte Karl, als römischer Kaiser, mit dem Bogen die Menschen auch daran erinnern." Anna war von ihrer detektivischen Folgerung hellauf begeistert.

„Ach, das ist eine großartige Idee. Der Bogen erinnert aber auch an ein Stadttor."

„Warum sollte das ein Stadttor sein, wenn man doch in einen Dom hineinging?", fragte Paul.

„Das ist eine wichtige Sache, die werdet ihr gleich verstehen", schmunzelte der Geist geheimnisvoll.

„Jetzt lasst uns aber endlich in den Dom einziehen."

„Warum einziehen? Wir können doch einfach reingehen!", Paul machte sich lustig über die seltsame Wortwahl.

„Nein, Paul, ich werde einziehen, denn das hat etwas Feierliches für mich. Schon damals wollte ich es gerne ausprobieren und spüren, was all die Menschen, die ich dabei beobachtet habe, wohl in ihrem Innersten fühlten. Schon vor der riesigen Bronzetür blieben viele wie versteinert stehen. Jeder Türflügel war aus einem Stück gegossen. Was meint ihr, was das für eine Leistung war von dem Meister aus Italien, diese Tür herzustellen. Beide Flügel der Tür waren vergoldet und leuchteten so verschwenderisch schön, dass ich damals am liebsten Stunden im Vorhof verbracht hätte", schwärmte der Geist. „Heute sind sie ganz schwarz", fügte er etwas betrübt hinzu.

„Das muss ja ausgesehen haben wie der Eingang zu einer Märchenwelt."

„Ja, Anna, genau so haben die Menschen das empfunden. Wenn sie durch diese golden schimmernde Tür gingen, fühlten sie, dass sie eine andere Welt betraten. Für denjenigen, der Tag für Tag auf dem Feld arbeitete und der um sich herum nur die Natur und ein paar Lehmhütten sah,

Ist hier das Tor zum Paradies?

für den war der riesige steinerne Bau, die hohen Türen und das viele Gold wie eine Märchenwelt. Vielleicht könnt ihr das heute gar nicht mehr so gut verstehen. Vom Dach aus habe ich vorhin selbst bei Nacht so viel Buntes und Glitzerndes gesehen. Da ist eine bunte Kirche gar nichts Besonderes mehr. Aber zu meiner Zeit war das genau umgekehrt. Damals war die Kirche der höchste und farbenprächtigste Bau, den es gab. Der Dom sollte schließlich an das Reich Gottes erinnern, und so war auch der Eingang von Bedeutung: Wenn die Menschen durch die goldene Tür schritten, verwandelte das Gold den Dom in ein Himmelreich, beziehungsweise in die himmlische Stadt."

„Die himmlische Stadt? Was ist das?", erkundigte sich Anna.

„Das werdet ihr gleich herausfinden, wenn ihr im Dom seid. Dann erzähle ich euch auch etwas Spannendes über das Gold. Jetzt stellt euch mal vor, ihr würdet zum ersten Mal in eurem Leben diese Kirche betreten dürfen. Nach einem dreitägigen Fußmarsch aus einem Eifeldorf steht ihr nun hier vor der strahlenden Tür, um den Wunderbau zu sehen. Die Menschen in euren Nachbarhütten hatten euch ja schon viel darüber erzählt. Also ziehen wir hinein!"

Sehr behutsam betraten sie das Gebäude. In der Vorhalle blieben sie stehen. Anna hatte etwas Interessantes entdeckt:

„Da ist ja die Wölfin, auf die sich der Teufel gestürzt hat! Und auf der anderen Seite der Pinienzapfen ist bestimmt ihre Seele, die ihr der Teufel herausgerissen hat."

„Liebe Anna, das hätte durchaus so sein können, aber diese Wölfin hatte Karl aus Rom mitgebracht und auch den Pinienzapfen. Eine Wölfin spielte auch in Rom eine wichtige Rolle."

„Ich weiß!", unterbrach Paul aufgeregt. „Rom wurde der Sage nach von Romulus und Remus gegründet. Das waren zwei Waisenkinder. Sie waren ausgesetzt und wären verhungert, wenn nicht eine Wölfin sie genährt hätte. Deswegen wurde sie in Rom so verehrt."

„Diese Wölfin ist also ein Wahrzeichen von Rom", setzte der Geist die Erzählung fort. „Und weil Karl ein römischer Kaiser war, nahm er die Wölfin mit nach Aachen und setzte sie ins Zentrum seines Reiches, um an Rom zu erinnern. Es gab noch weitere Symbole: Da ein steinerner Pinienzapfen vor der Kirche des Papstes stand, wollte Karl als Vertreter Christi auf Erden auch so einen haben."

Sie gingen weiter an den Figuren vorbei, und dann endlich war es soweit: Sie betraten den Dom. Der Wächter schlief immer noch tief und fest. Ob der Geist ihn in den Schlaf gezaubert hatte? Es war ziemlich dunkel und die Kinder hatten nur ihre Taschenlampe. Schnell zauberte der Geist ein paar Fackeln an die Wand und der Raum erstrahlte in feierlichem Glanz. Anna und Paul fühlten sich wie im Traum. Der Geist 800 unterbrach als erster die gespannte Stille:

„Ich glaube, die Baumeister haben hier ihre größte Leistung vollbracht: Ihre Aufgabe hieß, eine Kirche zu bauen, die in ihrem Inneren dem Himmelreich gleicht."

„Und woher wussten sie, wie das Himmelreich aussieht?", staunte Anna.

„Das stellt sich doch jeder anders vor!", überlegte Paul.

„Du hast Recht, Paul, es gibt aber eine Stelle in der Bibel, in der sogenannten Apokalypse, die berichtet von einem Engel, der einem Mann namens Johannes erlaubt, die „himmlische Stadt" anzuschauen. Die Beschreibung dieser Stadt ist sehr spannend. Unter anderem steht da geschrieben: ‚Der Engel, der zu mir sprach, hatte einen goldenen Messstab, um die Stadt, ihre Tore und ihre Mauern auszumessen. Diese Stadt war ebenso lang wie breit. Die Stadt selbst war aus reinem Gold erbaut. Die Stadt braucht weder Sonne noch Mond, damit es hell in ihr wird. Die Herrlichkeit Gottes leuchtet in ihr.'

Jetzt versteht ihr noch besser, warum ich euch sagte, dass Gold eine besondere Bedeutung hatte. Karl und seine Berater wollten, dass der Dom dieser Beschreibung entspricht. Deshalb wurde nicht nur der Eingang golden, sondern auch der Innenraum, eben wie in der himmlischen Stadt."

„Jetzt weiß ich, welche Stadt du mit himmlischer Stadt meintest!", freute sich Anna.

„Und der große Bogen draußen ist der Eingang zu dieser Stadt!"

„Ach, ihr habt nun schon eine Menge herausgefunden. Aber nicht nur das Gold erinnerte an die himmlische Stadt, man versuchte, auch die Form zu übernehmen. In der Apokalypse steht, die Stadt sei genauso breit wie lang. Karls Dom sah durch die vielen Ecken fast rund aus.

Ihr seht, innen ist es ein Achteck, umgeben von einem Sechzehneck. Das Achteck nennt man Oktogon."

„Ein Achteck ist genauso breit wie lang!", stellte Paul fest.

„Genau, auch die Form der Kirche ist kein Zufall. Überhaupt werdet ihr merken, dass Karl nicht einfach entschieden hat: ‚Wir machen das so, weil es schön ist'. Noch viel wichtiger war es für ihn, dass der Dom wie ein riesiges Bild seine Ideen zeigt. Ihr beide könnt natürlich lesen. Aber erinnert ihr euch, wie es war, als ihr noch nicht lesen konntet?"

„Da hatten wir Bilderbücher, in denen wir geblättert haben. Meine kleine Schwester geht noch in den Kindergarten, und wenn ich in einem Buch auf ein Bild zeige, dann sagt sie, was sie auf dem Bild sieht."

„Genauso, Paul, war es für Karl wichtig, dass die Menschen seine Ideen ablesen konnten. Natürlich ändert sich im Laufe der Zeit die Bildsprache, und deswegen könnt ihr beide heute das Bild im Inneren des Domes nicht mehr so leicht verstehen wie die Besucher zu meiner Zeit. Aber ich helfe euch dabei. Karl und seine Berater haben also alles getan, um für die Menschen den Eindruck dieses Himmelreichs zu schaffen."

„Ich wette, die Menschen hatten wirklich das Gefühl, sie seien im Himmel", sagte Anna, während sie sich anstrengte, dieses Gefühl nachzuempfinden. „Für mich müsste das Himmelreich allerdings viel heller sein, mit viel Blau und Weiß, wie die Wolken. Und die Kuppel müsste ganz in Blau mit goldenen Sternen sein."

41

Paul dagegen hatte andere Vorstellungen: „Wenn ich eine Kirche bauen würde, die wie das Himmelreich sein sollte, dann würde ich nur Holz nehmen und viele Pflanzen und Tiere wären darin."

„Es wäre eigentlich egal, wie die Kirche aussieht", stellte Anna fest, „sie wäre dann ein Himmelreich, wenn die Menschen darin sich nicht streiten würden."

„Wunderbar!" Der Geist hatte seine Freude an den vielfältigen Ideen der Kinder. „Aber", schaute er sich um, „es sieht hier ganz anders aus als zu meiner Zeit. So, wie der Dom jetzt mit diesen Mosaiken geschmückt ist – das sind die kleinen Steine an den Decken und in der Kuppel – habe ich den Dom noch nie gesehen. Auch diese Marmorplatten gab es in Karls Kirche nicht. Aber vielleicht haben sich die Menschen später das himmlische Reich anders vorgestellt.

Ich zeige euch jetzt einige spannende Ideen, wie Kaiser Karl den Menschen in Bildern klar machen wollte, dass er römischer Kaiser und Vertreter von Christus auf der Erde ist."

„Da bin ich aber gespannt, wie er das geschafft hat." Pauls Stimme klang etwas misstrauisch.

„Ach, das werdet ihr gleich selbst ganz leicht ablesen können. Schaut mal hoch auf die Galerie. Karl hat sie nicht zum Spazierengehen bauen lassen. Sie hat eine ganz wichtige Bedeutung. Das seht ihr schon daran, wie prächtig sie geschmückt wurde: schaut nur, diese Bronzegitter mit den herrlichen Säulen. Die Gitter sind in der gleichen Werkstatt gegossen worden wie die großen Türen am Haupteingang."

„Ach ja, das war der Meister aus Italien, den Kaiser Karl nach Aachen berufen hat, weil der noch wusste, wie man Bronze in so schöne Formen gießen kann", errinnerte sich Paul und murmelte noch leise: „Jetzt sage ich auch schon ‚Ach', wie der Geist."

„So ist es, Paul, nur hat er es nicht allein gemacht. Als er nämlich die Muster vormalen wollte, so wie er das aus früherer Zeit aus Italien kannte, kam gerade ein Meister aus der Palastschule vorbei, ich glaube, er war ein irischer Mönch, und war ganz begeistert von der Arbeit des Italieners. Sie haben sich über Kunstwerke und vieles mehr unterhalten, bis schließlich der irische Mönch seinen Skizzenblock herausholte und begann, Muster zu zeichnen. Die haben dem Italiener so gut gefallen, dass er darum bat, manche Gitter nach den Entwürfen des irischen Mönches gießen zu dürfen. Es schauten aber noch andere Künstler in der Bronzewerkstatt vorbei, und so kam es, dass der italienische Meister eine ganze Menge verschiedener Muster verwendet hat. Am Ende haben alle Künstler zusammen stolz die fertigen Gitter gefeiert, und dabei sang jeder ein Lied aus seiner Heimat. Wenn ich jetzt diese Gitter betrachte, muss ich wieder an all die Künstler denken. Obwohl sie aus ganz verschiedenen Ländern stammten, konnten sie so fröhlich zusammen arbeiten und feiern. Jeder brachte seine eigenen Traditionen und Talente ein, so dass am Ende ein wunderbares Werk entstand. Und auch dieses Werk ist wieder ein Bild. Denn das Gitter war nicht nur dazu da, dass die Leute nicht von der Galerie herunter purzelten. Stellt euch diese Gitter mal vergoldet vor, denn zu meiner Zeit leuchteten sie in strahlendem Gold."

„Dann sah die Galerie aus wie eine riesige Krone!"

„Siehst du, Paul, schon hast du das Bild gelesen. Und was meint ihr, warum sollte die Galerie wie eine Krone geschmückt sein?"

„Weil das der Platz für Kaiser Karl war. Er hat ja auch seinen Thron dort oben", antwortete Anna schnell.

„Ach, natürlich war das der Grund. Er wusste nämlich genau, wo sein Thron im Dom stehen musste, damit das richtige Bild seiner Macht vermittelt wird. Kaiser Karl besaß mehrere Throne, die man transportieren konnte. Diesen einen aber, oben auf der Galerie, hat er fest einbauen lassen, und zwar an der Stelle, wo er heute noch steht. Selbst wenn Karl nicht in Aachen weilte, stand dieser Thron als Erinnerung an ihn auf der Galerie zwischen Himmel und Erde. Karl zeigte damit deutlich das Bild seiner Vorstellung von Herschaft: ‚Ich regiere zwischen Himmel und Erde'. Er thronte als Vertreter von Christus nicht in der Kuppel, dem höchsten Punkt des Domes, denn da sollte Christus thronen, sondern auf der Galerie unter Christus, aber über den Menschen, eben zwischen Himmel und Erde."

„Das ist ja genial! Karl zeigt, dass er der Höchste unter den Menschen ist, aber nicht so groß ist wie Gott."

„Und er ist römischer Kaiser. Das zeigen die Wölfin und der Pinienzapfen, die er aus Rom mitgebracht hat", setzte Anna ergänzend hinzu.

„Und es gibt noch etwas, das Karl aus Italien mitbringen ließ, nämlich die Säulen, die in den Bögen stehen und die Galerie schmücken. Stellt euch vor, Karl hat sie in einer Stadt namens Ravenna entdeckt. Sie gehörten zu einem wunderschönen Palast eines römischen Herrschers. Es sind sehr wertvolle Marmorsäulen. Karl wollte sie als Zierde für seinen Dom haben. Er wusste, dass diese Kostbarkeiten seine Macht als Kaiser noch unterstreichen würden. So ließ er, mit Erlaubnis des

Papstes, den Palast Stein für Stein abtragen, damit er die 32 Säulen nach Aachen bringen lassen konnte. Die Leute haben ganz schön geschuftet, um die Säulen auf Ochsenkarren quer über die Alpen nach Aachen zu schaffen!

Ach, jetzt habe ich euch so viel erzählt. Es wird Zeit, dass wir hochfliegen auf die Galerie, damit ihr auch mal zwischen Himmel und Erde stehen könnt."

Anna und Paul klammerten sich am Zeitgeist fest und zum ersten Mal in ihrem Leben erreichten sie den Thron nicht über die Treppe, sondern im Flug über die Bronzegitter.

„Ach, was war das für eine große Ehre am Thron Kaiser Karls stehen zu dürfen!", schwärmte der Geist. „Aber schaut euch mal den Kaisersitz selbst an! Man erzählt vor allem von den besonderen Platten, aus denen er gebaut ist."

„Was soll denn an diesen Platten Besonderes sein? Ich habe mich schon immer gewundert, warum Karl der Große so einen einfachen Thron hatte, und bequem sieht er auch nicht aus."

„Ach, einfach sagst du?! Ha! Kaiser Karl nahm die wertvollsten Platten, die es überhaupt gab! Und wisst ihr, was das Wertvollste war zu meiner Zeit?"

„Gold – oder Elfenbein?", rieten Paul und Anna.

„Nein", eiferte sich der Geist, „das Wertvollste waren Erinnerungsstücke an Heilige: Knochen, Kleider oder andere Überreste von Heiligen oder von Jesus. Darüber wird euch vielleicht ein Geist aus späterer Zeit noch mehr erzählen. Die vier Platten, die ihr hier seht, kamen aus Jerusalem. Dort wurden sie als Bodenplatten in einem sehr alten Tempel genutzt. Man stellte sich vor, dass Christus auf diesem Boden gelaufen ist. Deshalb galten die Platten als kostbare Erinnerungsstücke an ihn. Karl saß also auf Steinen, die schon Christus berührt hatte. Was hätte es Wertvolleres geben können?"

„Warum hat man aber dieses Gekritzel nicht entfernt?"

„Man konnte doch an so einem Erinnerungsstück nichts verändern, Paul! Jeder sollte gleich sehen, dass das keine einfachen Marmorplatten sind. Deswegen hat man auch die eingeritzte Zeichnung nicht entfernt. Könnt ihr erkennen, was sie darstellt?"

„Das kann doch nicht sein! Das sieht aus wie ein Mühlespiel!", staunte Anna.

„Doch, natürlich. Zur Zeit von Christus haben die Menschen auf den Bodenplatten der Tempel oft Mühle gespielt. Und gerade so eine Platte hat man aus Jerusalem nach Aachen geschickt. Doch zurück zum Thron: Zu ihm führen sechs Stufen hinauf, denn auch im Sitzen wollte Karl größer sein als jeder andere. Von dort aus konnte Karl alle sehen und von allen gesehen werden.

Ach, ihr könnt euch vorstellen, wie weit es sich im ganzen Reich und über die Grenzen hinaus herumgesprochen hatte, was für ein prächtiges Zentrum Kaiser Karl in Aachen errichten ließ. Selbst in Jerusalem, wo er die Platten herholte, und in Bagdad hatte man davon gehört."

„Bagdad ist immerhin 4000 km von Aachen entfernt. Es ist die Hauptstadt des Irak", wusste Anna. „Schaut nicht so komisch, das habe ich zufällig gestern bei der 1000er Frage im Fernsehen gehört."

„Ach, Irak, Fernsehen, was sind das für Wörter! Das verstehe ich nicht. Auf jeden Fall bedeutete eine Reise nach Bagdad für die Men-

Wer sich wohl mehr gewundert hat:
Abul Abbas oder die Aachener?

schen in meiner Zeit ein gefährliches Abenteuer von mehreren Mona-
ten.

In Bagdad regierte der Kalif Harun ar-Raschid. Man sagte, die
drei mächtigsten Herrscher, die damals in der Welt regierten, waren
Kaiser Karl, die Kaiserin in Konstantinopel, die sich wie Karl als Nach-
folgerin der römischen Kaiser fühlte, und der Kalif aus Bagdad, Harun
ar-Raschid. Wenn Karl mit dem Kalifen etwas besprechen wollte, so
wurden Gesandte hin und her geschickt. Die brachten dann besondere
Geschenke mit. Das geschah nicht immer aus Großzügigkeit, sondern
vielmehr um zu zeigen, welche prächtigen und wertvollen Kunstwerke
der eigene Hof hervorbringen konnte."

„Also, haben sie gegenseitig ein wenig angegeben, um zu zeigen,
wer der Größte ist?"

„Ach, Paul, ja, so kann man das auch sehen. Harun ar-Raschid
sandte eines Tages eine wahre Sensation: als die Gesandtschaft aus
Bagdad in Aachen eintraf, drängten sich alle Menschen um ein leben-
diges Geschenk. Es war ein weißer Elefant! ‚Abul Abbas', so hieß das
riesige Tier. So etwas hatte bei uns noch niemand gesehen! Ihr seht,

hier in Aachen war es ganz schön bunt und aufregend mit den verschiedenen Kulturen und Traditionen. Karl blieb immer häufiger und länger hier, je älter er wurde."

„Wie alt ist er denn überhaupt geworden?"

„Karl ist viel älter geworden, als andere Menschen zu meiner Zeit. Er war über 70 Jahre alt, als er am 28. Januar 814 starb. Noch am selben Tag wurde er in seinem Lieblingsdom begraben. Die Aachener hatten es deswegen so eilig, weil sie verhindern wollten, dass ihr großer Karl in einer anderen Kirche begraben wird. Sie legten ihn in einen ganz besonderen Marmorsarg, den Karl schon früher aus Italien mitgebracht hatte. Ein Italiener hatte ihm nämlich erzählt, dass Augustus, der erste römische Kaiser, ursprünglich darin begraben war. Ihr könnt euch mittlerweile denken, warum es ausgerechnet dieser Sarg sein musste!"

„Ja klar, er wollte auch ein römischer Kaiser sein", sagte Anna, „Aber was ist mit den römischen Göttern, die vorne auf dem Sakko..."

„S a r k o p h a g! Das spielte eigentlich keine Rolle. Karl ließ sich selbstverständlich nach strenger christlicher Tradition unter der Erde begraben. Nach römischer, heidnischer Sitte hätte man den Sarkophag in eine Nische gestellt, so dass jeder die schönen Figuren und die Geschichte bewundern konnte, die sie erzählen."

„Was ist das denn für eine Geschichte?"

„Die spannende Geschichte vom Raub der Proserpina? Also gut. Ich liebe ja die Abenteuer, die sich die Menschen von den römischen und griechischen Göttern erzählten."

„Ich kenne die Geschichten von Herkules!", meinte Paul mit glänzenden Augen.

„Die kenne ich auch, also lass jetzt endlich den Zeitgeist erzählen!", wurde Anna ungeduldig.

„Ach, die schöne Proserpina war die Tochter von Jupiter und Ceres. An einem warmen sonnigen Nachmittag pflückte sie mit ihren Freundinnen Blumen. Sie achtete nicht darauf, wo ihre Spielgefährtinnen blieben und entfernte sich immer weiter von ihnen. Als sie eine wunderschöne Narzisse in der Ferne erblickte und dorthin eilte, stürzte sich plötzlich Pluto, der Gott der Unterwelt, auf sie. Pluto riss die Schöne mit sich auf seinen Wagen, der von vier Pferden gezogen wurde, und fuhr mit ihr in Windeseile in Richtung Unterwelt davon. Proserpina wehrte sich vergebens, denn Pluto hatte starke Komplizen: das waren Minerva, die Göttin der Weisheit, Venus, die Göttin der Liebe und

Amor, der Liebesgott mit seinen Liebespfeilen. Merkur führte das Viergespann an. Am Tor zur Unterwelt wartete bereits der Höllenhund Cerberus. Ceres, die Mutter der Entführten, war die Göttin der Fruchtbarkeit. Als sie von dem Raub erfuhr, stürzte sie sich auf ihren eigenen Wagen, der von zwei geflügelten Schlangen gezogen wurde, um ihrer Tochter zur Hilfe zu kommen. Nur leider verfing sich der Schwanz einer Schlange im Wagenrad und so hatte Ceres keine Chance, ihre Tochter zu retten, worüber sie sehr traurig war. Bald erfuhr sie, dass Proserpina in die Unterwelt entführt worden war. Da verzweifelte Ceres erst recht. Wie sollte sie ihre Tochter von dort jemals wieder zurückholen? In ihrer Hoffnungslosigkeit ließ die Göttin der Fruchtbarkeit keine Saat mehr wachsen. Aber so konnte es auf der Erde nicht weitergehen. Wenn der Boden keine Früchte mehr hervorbrachte, gäbe es bald kein irdisches Leben mehr. Deswegen sorgte Jupiter, der Höchste aller Götter, für einen Kompromiss: Zwei Drittel des Jahres sollte Proserpina bei ihrer Mutter leben und das verbleibende Drittel in der Unterwelt bei Pluto."

„Wenn sie also in der Unterwelt war, gab es auf der Erde keine Ernte. Das war der Winter."

„Genau, Paul. Vielleicht haben die Römer versucht, sich mit dieser Geschichte die Jahreszeiten zu erklären, und warum es im Sommer und Herbst so herrliche Früchte und Getreide gibt und im Winter dagegen nichts wächst. Wisst ihr, das liebe ich so sehr an Kunstwerken, dass sie so tolle Geschichten erzählen. Ach, aber wo sind wir eigentlich stehen geblieben, ich bin doch schon etwas vergesslich."

„Das passiert schon mal, wenn man 1200 Jahre alt ist", tröstete Paul schmunzelnd den Zeitgeist.

„Wir sprachen von Karls Beerdigung", half Anna dem Zeitgeist.

„Ach, wie wahr. Karl hinterließ sein riesiges Reich seinem Sohn, Ludwig dem Frommen. Karl hatte mehr als zehn Kinder aus seinen drei Ehen. Leider fällt mir jetzt nicht mehr ein, wie viele Kinder es genau waren. Ludwig war, wie sein Beiname sagt, ein sehr gläubiger Mann. Aber er war nicht stark genug, das Reich zu führen, und so haben ihn sogar seine eigenen Kinder zum Rücktritt gezwungen. Die Kinder wiederum stritten sich so oft untereinander, dass das Reich Karls bald völlig zerfiel. 67 Jahre nach dem Tod Karls haben die Normannen unseren berühmten Dom als Pferdestall benutzt, als sie von Norden her plündernd und raubend durch das frühere Reich Karls zogen. Ach, ich hätte heulen können und so gern Schlimmeres verhindert, aber als Zeitgeist darf ich ja eigentlich nur beobachten.

Karl blieb in der Erinnerung der Menschen. Viele Kinder baten ihre Eltern: ‚Erzählt ihr heute wieder von den Taten des berühmten Karl?' Ihr könnt euch vorstellen, dass jede Mutter und jeder Vater sich dabei gerne die Freiheit nahm, manche Geschichte nach der eigenen Vorstellung und Stimmung auszumalen. Selbst Einhard, ein außerordentlich gebildeter Mann aus der Palastschule, der die Geschichten aus dem Leben Karls später aufgeschrieben hat, hat manches übertrieben oder weggelassen. So könnt ihr euch vorstellen, dass man Jahre nach dem Tod Karls manche abenteuerliche Geschichte hören konnte, die nicht ganz mit der Wahrheit übereinstimmte. Das Einzige, das bis heute wahrhaftig von der Größe Karls zeugt, das ist dieser prachtvolle Dom mit seinen Kunstschätzen und den Büchern seiner Palastschule.

Ach, jetzt wird es aber Zeit für mich, in meine Flasche zurückzukehren. Kommt, wir fliegen wieder zu meiner Flasche, dort werde ich euch das erste Rätsel für die Schatzsuche aufgeben. Ach, ich wollte euch noch sagen: Es war außerordentlich amüsant mit euch beiden!", und damit zog sich der Zeitgeist 800 wieder in seine Flasche zurück.

Anna wollte gerade den Korken hineindrücken, als plötzlich ein zusammengerolltes Pergament aus der Flasche herausguckte.

„Eine echte Geister-Flaschenpost! Los roll sie auf", rief Paul.

Die Kinder verstanden nun, wofür die Kreidezeichnung auf dem Boden war. Nun mussten sie nur noch die richtigen Koordinatenkästchen mit der Kreide weiß ausmalen und dann würde sich daraus – hoffentlich – ein Buchstabe ergeben.

Es dauerte nicht lange und schon schrieben sie zwei Buchstaben auf den Boden.

1. Buchstabe:

		wahr	falsch
1.	In Rom wurde Karl 800 vom Papst zum Kaiser gekrönt.		
2.	Karl fuhr mit dem Zug über die Alpen nach Rom.	3/B	7/A
3.	Der Bronzegießer war ein Aachener Meister.	1/B	5/B
4.	Der Dom sollte der himmlischen Stadt ähneln.	1/C	5/C
5.	Karl sah sich als römischer Kaiser.	4/D	3/C
6.	Der Thron Karls soll zwischen Himmel und Erde stehen.	4/B	6/C
7.	Karl ließ für den Dom Marmorsäulen aus Irland holen.	3/E	3/D
8.	Karls Kaiserkrönung wurde im Fernsehen übertragen.	8/D	4/E
9.	Der Kalif von Bagdad schenkte Karl einen rosa Elefanten.	8/B	6/B
10.	„Oktogon" heißt Achteck.	4/A	5/E
		6/E	7/C

2. Buchstabe:

		wahr	falsch
1.	Karl wählte Aachen als Zentrum für sein Reich.		
2.	Der Dom wurde nur von Aachenern gebaut.	J/2	K/3
3.	Karl wurde im römischen Proserpina-Sarkophag bestattet.	J/3	I/3
4.	Die Bronzetüren waren früher vergoldet.	H/4	H/5
5.	Der Vater von Karl dem Großen hieß Pippin der Kurze.	G/5	F/5
6.	Die römische Göttin Proserpina freute sich auf die Hochzeit mit Pluto.	H/6	K/5
7.	Karl sah sich als Vertreter von Christus auf Erden.	I/1	I/7
8.	Die Bronzewölfin hat man in Aachen gegossen.	J/8	J/4
9.	Der Thron ist aus Marmorplatten gebaut, die aus Jerusalem stammen.	H/3	I/4
10.	Die Bronzegitter haben alle das gleiche Muster.	I/6	K/5
		G/3	I/5

Zeitgeist 1000

Paul nahm die nächste Flasche, diesmal aber vorsichtiger vom Regal, schüttelte sie ganz sanft und flüsterte dreimal: „Zeitgeist bleibt Zeitgeist, Geistzeit bleibt Geistzeit." Schon donnerte eine gewaltige Rauchwolke heraus.

„Oje, entschuldigt, ich wollte wirklich nicht laut sein. Das geht bei uns Zeitgeistern leider nicht anders. Ich wünschte, ich könnte als zarte Wolke aus der Flasche kommen. Oh, es wäre wohl höflicher, wenn ich mich erst vorstellen würde." Dabei machte er eine kleine Verbeugung. „Meine kleine Dame, mein kleiner Herr, meine Wenigkeit, Zeitgeist 1000, zuständig bereits ab dem Jahre 936. Wenn es euch keine zu großen Umstände macht, würdet ihr mir vielleicht nun verraten, wer ihr seid?"

„Na klar. Ich heiße Paul und das ist Anna. Wir suchen den großen Schatz im Aachener Dom", erklärte Paul. „Der Zeitgeist von heute sagte uns, wenn wir alle Rätsel lösen, werden wir ihn finden. Das erste Rätsel hat uns bereits der Zeitgeist 800 aufgegeben und wir haben schon zwei Lösungsbuchstaben herausgefunden. Von dir würden wir gerne das zweite Rätsel hören."

„Wenn es euch Recht ist, kann ich mit dem dritten und vierten Buchstaben dienen. Nur müsst ihr erst meinen bescheidenen Erzählungen lauschen. Ich hoffe sehr, dass sie euch gefallen.

Ich möchte jetzt nicht eingebildet klingen, aber zu meiner Zeit passierten sehr interessante Dinge. Es lebten so viele großartige Menschen. Zwar gab es auch viele entsetzliche Kriege, Elend und Böses, aber um so deutlicher leuchteten die Werke und Taten der guten Menschen.

Verzeiht mir, es ist zwar nicht der Rede wert, aber wäre ich kein Geist, sondern ein Mensch, dann wäre ich gern Dichter geworden. Hätte ich doch nur Talent! Dann könnte ich über meine Zeit so heldenhaft berichten wie ein wahrer Schöngeist. Zum Beispiel von der großen Macht der Ottos, von einer außergewöhnlichen Hochzeit, von der Kinderkrönung und auch von einem gemeinen Raubüberfall."

„Das hört sich doch sehr spannend an!", ermutigte Anna den schüchternen Geist.

„Fang doch bitte an zu erzählen!", fügte Paul hinzu.

Anna und Paul ließen sich auf ihren Rucksäcken nieder und der Zeitgeist 1000 begann:

„Oje, ich habe eine zittrige Stimme. Ich versuche aber meine Sache so gut wie möglich zu machen: Zu meiner Zeit war das einst so große Reich von Kaiser Karl zerfallen. Oh, wisst ihr, wer er war? Ach ja, ihr habt schon den Zeitgeist 800 getroffen, dann wisst ihr es bestimmt sogar besser als ich. Denn ich war erst gute 100 Jahre später unterwegs. Ich kenne nur das, was die Menschen über diesen berühmten Mann erzählt haben."

„Er soll endlich anfangen", flüsterte Anna ungeduldig in Pauls Ohr, gerade als der Zeitgeist 1000 mit seiner Erzählung begann.

„Auf jeden Fall war der Traum Karls des Großen vom neuen Römischen Reich zerplatzt. Bis eines Tages wieder ein starker Herrscher auftauchte: Er war kein Franke wie Karl, sondern ein Sachse und hieß Otto. Da später mehrere Herrscher diesen Namen trugen, nennen wir ihn Otto den Ersten. Er schaffte es, das alte Reich von Karl wieder herzustellen. Dafür musste er natürlich erfolgreich kämpfen und vor allem wissen, wem er vertrauen konnte und wem nicht. Es konnte nämlich passieren, dass ein Fürst an einem Tag sagte: ‚Du kannst dich auf mich und meine Soldaten verlassen, wir gehören zu dir und kämpfen für dich'. Ein paar Tage später versprach dieser Fürst einem anderen Herrn vielleicht das gleiche. Es war wirklich keine leichte Aufgabe, ein Reich aufzubauen und es zusammenzuhalten. Aber Otto hat es gemeistert. Schließlich kam der Moment, an dem er zum König gekrönt werden sollte. Da dachte sich Otto etwas ganz Kluges aus: ‚Ich werde den Aachener Dom zu meiner Krönungskirche machen. Dann wird alle Welt sehen, dass ich denselben Traum habe wie Karl: ich werde wieder ein Römisches Reich schaffen. Wenn ich mich auf den Thron von Karl dem Großen setze, dann bin ich sein Nachfolger.' Und so geschah es auch.

Gnadenlos vom Himmel brannte der Sonne Glut an jenem wunderschönen sonnigen Vormittag ... Oje! Schon wieder versuche ich mich als Dichter. Also noch einmal: An einem grauen Vormittag bei strömendem Regen waren nicht nur alle wichtigen Herzöge, Grafen und Vornehmen des Reiches, sondern auch eine riesige Volksschar versammelt, um der feierlichen Krönung Ottos beizuwohnen. Auch die Ehefrau des zukünftigen Königs, sie hieß Adelheid, war in einem reich bestickten Kleid erschienen. Alle warteten im Vorhof, und jeder wünschte, Otto möge bald kommen, denn nur wenige konnten sich vor dem Regen unter die Säulenarkaden flüchten. Als Otto endlich erschien, setzte er sich auf einen Thron, den man direkt unter dem Eingangsbogen des Domes aufgestellt hatte. Dort empfing er die Treue-Versprechen und die Gelübde der Versammelten, die besagten, dass sie dem König in jeder Not und gegen jeden Feind beistehen würden. Das war die Zeremonie, mit der die Vornehmsten des Reiches Otto zum König machten. Erst dann betrat er den Dom."

„Gott sei Dank war der Teufel nicht mehr da, wie damals bei Karl", flüsterte Anna kichernd Paul zu. Der Zeitgeist war so konzentriert, dass er gar nichts hörte.

„Otto wurde im geschmückten Dom vom höchsten Bischof des Reiches und von allen Rängen der Priesterschaft empfangen. Der Bischof trat dem König feierlich entgegen und berührte mit seiner rechten Hand die linke Hand Ottos. Nein! Entschuldigt! Er berührte mit seiner linken Hand die rechte Hand Ottos und sprach zu allen Versammelten: ‚Seht, ich führe zu Euch den von Gott Auserwählten und von allen Fürsten nun zum König erhobenen Otto. Wenn Euch diese Wahl gefällt, so bezeugt dies mit der zum Himmel erhobenen Rechten!' Darauf hoben alle Menschen im Dom ihre rechte Hand und wünschten dem König mit lautem Jubel viel Glück."

„Hoch! Hoch!", tobten Anna und Paul fröhlich und winkten kräftig mit der rechten Hand.

„Wenn ihr so freundlich sein könntet, mich während meiner Erzählung nicht zu unterbrechen, denn es ist äußerst schwierig für mich, die Krönungszeremonie genau wiederzugeben. Glaubt mir, wenn ich das hinter mir habe, bin ich auch entspannter. Nach dem Jubel schritt der Bischof mit Otto zum Altar, auf dem die königlichen Insignien, das Schwert, der Krönungsmantel, das Zepter und die Krone lagen. Der Bischof sprach zu König Otto gewandt: ‚Empfange dieses

Schwert, da Dir durch Gott die Macht im ganzen Reich übertragen ist, zum sicheren Frieden aller Christen.' Dann nahm er den Krönungsmantel: ‚Durch die zum Boden fallenden Säume des Mantels sollst Du ermahnt werden, im Eifer des Glaubens zu glühen und den Frieden beharrlich zu schützen, bis in den Tod.' Dann folgte das Zepter: ‚Durch dieses Zeichen ermahnt, sollst Du vor allem den Dienern Gottes, den Witwen und den Waisen die Hand des Erbarmens reichen, dann wirst Du in Gegenwart und Zukunft mit ewigem Lohn gekrönt werden.' Und nachdem Otto mit dem heiligen Öl gesalbt worden war, wurde ihm endlich die prächtige Krone aufgesetzt. Dann folgten der Höhepunkt und die Vollendung der Krönung: Otto zog feierlich in Begleitung der Bischöfe durch den schmalen Treppenturm zu dem herrlich geschmückten Thron Karls des Großen. Dort setzte er sich nieder und machte damit für alle Welt deutlich: Hier ist der Nachfolger Karls des Großen." Der Geist beendete die Wiedergabe der Krönungszeremonie und pustete erleichtert, als ob er gerade die schwierigste Aufgabe seines Lebens gelöst hätte.

„Bravo! Bravo!", riefen die Kinder, um das Selbstbewusstsein des schüchternen Geistes zu stärken.

„Das hast du so spannend erzählt, man konnte die Bedeutung der Krönung richtig spüren", sagte Paul.

„Alle, die sich auf diesen Thron setzten, wollten Nachfolger von Karl sein. Ich habe mal gelesen, dass dreißig Könige hier gesessen haben", beeindruckte Anna mit ihrem Wissen.

„Wie sollten denn so viele Könige auf einmal auf den kleinen Thron passen?", stellte sich Paul das Gedrängel sehr amüsant vor.

„Doch nicht gleichzeitig, du Schlaumeier! Im Laufe von vielen Jahren wurden dreißig Könige hintereinander in Aachen gekrönt. Verlief die Krönungsfeierlichkeit immer so, wie du es von Otto dem Ersten erzählt hast?"

„Liebe Anna, so lange bin ich doch gar nicht hier herumgegeistert! Zu meiner Zeit, um 1000, habe ich nur vier Krönungen erlebt. Bei diesen war die Zeremonie immer gleich. Von den vielen anderen Krönungen weiß ich nichts."

„Ich wäre ja so gerne bei einer Krönung dabei gewesen!", schwärmte Paul.

„Wir müssten sie einmal in der Klasse nachspielen, das wäre toll!", fiel Anna ein und freute sich über ihre Idee.

„Ihr Lieben, wenn ihr nichts dagegen habt, dann erzähle ich jetzt die Geschichte von der außergewöhnlichen Hochzeit", und der Zeitgeist hob schon viel entspannter an:

„Otto wurde bald in Rom vom Papst zum Kaiser gekrönt. Das war Otto sehr wichtig, denn er sah sich ...“

„Wir wissen es schon: erstens als römischer Kaiser ...", fiel Anna dem Geist ins Wort.

„... und zweitens als Vertreter von Christus auf der Erde!", beendete Paul den Satz.

„Oje! Ihr seid ja echte Gelehrte! Da hoffe ich nun um so mehr, dass ich euch genug Neues und Interessantes erzählen kann. Nun zur Hochzeit und wie es dazu kam: Otto wollte mit dem Kaiser Tsimiskes in Konstantinopel Frieden schließen, denn es war sehr günstig, wenn zwei so große Mächte zusammenhielten. Um diese Friedensvereinbarung zu bekräftigen, hatten beide Kaiser einen Plan: Der Sohn Ottos sollte die Nichte des byzantinischen Kaisers heiraten, damit alle Menschen sehen, dass die beiden Kaiser keine Feinde sind. Doch das, was sich wie ein einfacher Plan anhörte, war für die 17-jährige Nichte wahrscheinlich nicht ganz so einfach. Als Tsimiskes in Konstantinopel das Zimmer der Nichte betrat, um ihr die bevorstehende Heirat mitzuteilen, flossen viele Tränen. Denn sie musste in ein fremdes Land ziehen, um einen Mann zu heiraten, den sie vorher noch nie gesehen hatte. Alle bewunderten die junge Frau wegen ihrer Klugheit und Selbstbeherrschung, und doch musste sie großen Mut aufbringen, als sie das Schiff nach Rom bestieg. Denn in ihrer Heimat erzählte man Fürchterliches über das Volk nördlich der Alpen: es sei barbarisch, unkultiviert und ungebildet. Ihr eigener Hof dagegen bestand aus wohlerzogenen Hofdamen, Hofherren und Gelehrten. Sie lebten in herrlichen Palästen mit unzähligen Kunstwerken."

„In so einem Palast wäre ich gerne Prinzessin gewesen. Deine Beschreibung hört sich ja an wie im Märchen, fast so wie ,Tausend-und-eine-Nacht'", stellte sich Anna sehr lebendig vor.

„Dies alles musste Theophano, so hieß die junge Prinzessin, nun verlassen, voller Angst vor dem, was kommen würde. Otto dagegen war zufrieden, sein Reich vereint zu sehen. Theophano reiste mit ihrem ganzen Hofstaat. Das waren mehr als 50 Hofdamen, Künstler und Philosophen, und dazu kamen noch eine Menge prächtiger Kunstwerke."

„50 Hofdamen? Das sind ja fast zwei Schulklassen!", staunte Anna. „Ich hätte es sehr lästig gefunden, wenn sie immer um mich herum gewesen wären. Aber vielleicht hätte sie sich sonst sehr allein gefühlt."

„Sie war auch fast drei Monate auf dem Schiff unterwegs, bis sie in Rom ankamen. Dort erwarteten Kaiser Otto, sein Sohn, den man Otto den Zweiten nannte, der Papst und der gesamte Hofstaat die Braut mit Spannung. Alle freuten sich schon auf die feierliche Trauung. Theophano und Otto der Zweite waren erleichtert, als sie merkten, dass ihre schlimmsten Befürchtungen nicht wahr wurden."

„Heute würde ein solches Ereignis live im Fernsehen übertragen. Das hätte ich zu gerne gesehen", schwärmte Anna.

„Als Kaiser Otto der Erste starb", überging der Geist Annas Bemerkung, „wurde sein Sohn Otto der Zweite neuer Kaiser und Theophano wurde Kaiserin. Auch Theophano brachte einen kleinen Otto zur Welt. Er wurde nun, wie könnte es anders sein, Otto der Dritte genannt. Theophano liebte ihren Sohn sehr und hoffte, dass er eines Tages ein großer und kluger Kaiser sein würde. Deshalb erzog sie ihn mit Strenge und Disziplin und gab ihm all ihre Bildung und ihr Wissen mit. Außerdem beschlossen die Eltern, dass es das Beste sei, ihren Sohn so schnell wie möglich zum König zu krönen. So geschah es, dass der erst dreijährige kleine Otto am 25. Dezember 983 mit Hilfe des Bischofs Willigis auf den Thron Kaiser Karls kletterte und dort zu seiner großen Freude gekrönt wurde. Dazu hatte man extra eine Kinderkrone anfertigen lassen. Ihr seht, wie gut es war, dass der Thron so hoch steht. Da war auch der kleine Otto der höchste Mensch im Aachener Dom. Kommt, lasst uns ein bisschen herumfliegen, die Kinderkrone möchte ich so gerne noch einmal sehen."

„Hier ist sie nicht. Aber ich habe schon mal eine gesehen. Wir haben in Essen meine Cousine besucht und sind zusammen in die Schatzkammer gegangen. Es war eine schöne, sehr alte Krone. Jetzt weiß ich endlich, wem sie gehört!", freute sich Paul.

„Oh, da müssen wir unbedingt mal hinfahren. Ich habe noch nie eine Kinderkrone gesehen." Anna war ganz begeistert.

„Schade, dass wir sie nicht zusammen anschauen können", stellte der Geist etwas betrübt fest. „Aber die Geschichte hat auch eine traurige Seite. Stellt euch vor, gerade als der kleine Otto gekrönt war und der Bischof ihn vom Thron herunterhob, kam ein Bote auf die Galerie geeilt. Er kam geradewegs aus Italien und brachte die traurige

Nachricht, dass Otto der Zweite in Rom gestorben war. Die Mutter und die Großmutter des kleinen Otto regierten dann so lange, bis Otto der Dritte 996 in Rom vom Papst zum Kaiser gekrönt wurde. Da war er gerade sechzehn Jahre alt."

„Das kann ich mir gar nicht vorstellen, mit sechzehn ein Land zu regieren! Wenn ich an meinen Bruder denke, der ist auch gerade sechzehn ..." Paul schüttelte verständnislos den Kopf.

„Du musst bedenken, Otto hatte hervorragende Lehrer und Berater. Seine Mutter und die Freunde der Familie standen ihm auch jetzt zur Seite. Von Geburt an wurde er darauf vorbereitet, Kaiser zu werden. Er selbst träumte auch davon, die Stärke und den Glanz des alten Reiches wieder lebendig werden zu lassen. Ganz besonders liebte er den Dom in Aachen. Wunderschöne Kunstwerke schenkte er dem Dom! Unter seiner Herrschaft entstanden bedeutende Klosterschulen, in denen Bücher geschrieben und kunstvoll gemalt wurden. Eine der besten Schulen lag auf einer Insel im Bodensee, sie hieß Reichenau. Dort malten die Mönche ganz besonders schöne Bücher."

„Wir haben bereits ein Buch gesehen, das aus der Palastschule Karls stammt. Der Zeitgeist 800 hat uns einiges dazu erklärt."

„Das ist großartig, Paul, diese Bücher wurden auch zu meiner Zeit sehr geschätzt. Aber ihr werdet staunen, die Malereien von der Insel Reichenau sahen ganz anders aus. Nicht umsonst schenkte Otto der Dritte seinem Lieblingsdom viele von diesen wertvollen Werken. Wenn schon die Kinderkrone nicht mehr da ist, finden wir vielleicht ein Buch aus meiner Zeit?"

„Lasst uns in der Schatzkammer suchen", schlug Paul vor, „wenn es noch ein Buch von Otto gibt, dann wird es dort sein. Der andere Geist ist mit uns dorthin geflogen. Kannst du auch fliegen, lieber Geist?"

„Nun ja, wie alle Zeitgeister, so beherrsche auch ich die Kunst des Fliegens. Wenn es euch nichts ausmacht, dann könntet ihr euch hier rechts und links bei mir einhaken", und der Zeitgeist 1000 nahm die Kinder liebevoll unter seine Arme. Wie auf einer weichen, unsichtbaren Wolke schwebten sie gemütlich zur Schatzkammer.

In dem dunklen Raum setzte sie der Geist sanft ab. Anna nahm die Taschenlampe wieder aus ihrem Rucksack und erklärte dem 1000er Geist ebenfalls, dass dies eine Kerze ohne Flamme sei.

„Oh, das ist wahrlich eine großartige Erfindung, nur gibt sie ein seltsames, ungemütliches Licht. Wenn es euch nichts ausmacht, so würde ich gerne meine bescheidenen Zauberkräfte einsetzen und uns Fackeln herbeizaubern."

„Ja, sehr gerne!", und sofort hielt jeder eine Fackel in der Hand.

Der Zeitgeist schwebte vorsichtig voran. Auf Zehenspitzen folgten Anna und Paul. Irgendwie war die rührende Vorsicht des Zeitgeistes ansteckend. Vor einer kleinen Vitrine, die in die Wand eingebaut war, hielt der Geist an.

„Ist das ein Buch aus deiner Zeit?", fragte Paul flüsternd.

„Oh! Ich bin ja so glücklich, dieses großartige Buch zu sehen. Verzeiht, aber ich bekomme immer noch Herzklopfen, wenn mein Blick auf diese Seite fällt", dabei zeigte er auf die rechte Seite des aufgeschlagenen Buches und plötzlich begann der sonst so sanfte Zeitgeist leidenschaftlich und begeistert zu schwärmen:

„Einmalig! Sensationell! Habt ihr jemals so etwas schönes gesehen? Schaut euch nur den Hintergrund an: prächtiges Gold! Keine Grashalme, keine Landschaft, kein überflüssiger Strich lenkt von der Feierlichkeit der Darstellung ab. Nur das Wichtigste ist dargestellt."

Obwohl Paul und Anna zunächst nicht recht verstanden, warum der Geist so außer sich war, sprang der Funke der Begeisterung auch auf sie über. Einen Hintergrund ganz in Gold hatten sie auch noch nicht gesehen.

Paul staunte: „Ist das echtes Gold?"

„Ja, Paul, so etwas machte man mit hauchdünnem Blattgold. Der Rahmen ist nicht weniger wertvoll. Denn er ist mit echtem Purpur gefärbt, das leuchtete früher dunkel- bis lilarot. Purpur gebührte nur den Kaisern und großen Herrschern, denn dieser Farbstoff war sehr schwer herzustellen und deswegen sehr teuer. Für nur eine Messerspitze brauchte man zehntausend Purpurschnecken! Ihr werdet jetzt fragen: Warum so viel Aufwand für so ein kleines Bild? Aber es war der Inhalt der Abbildung, der von so großer Bedeutung war. Hier wird nämlich genau gezeigt, wie sich Otto der Dritte die Herrschaft eines Kaisers vorstellte. Auf diese Weise sollte festgehalten werden, dass ein Kaiser zwischen Himmel und Erde regiert, und dass dies für immer Gültigkeit haben sollte."

„Genauso wie es Karl mit seinem Thron deutlich gemacht hat?"

„Ja, Anna, das könnte sein. Erkennt ihr auf dem Bild den thronenden Kaiser?"

„Das ist der mit dem Reichsapfel in der rechten Hand", antwortete Paul.

„Und seine linke Hand ist geöffnet, weil er gerade von einem Mönch, der auf der linken Seite mit einem Buch in seiner Hand dargestellt ist, als Geschenk dieses Evangeliar empfängt."

„Da sind doch auch die Symbole der Evangelisten!", freute sich Paul über seine Entdeckung. „Sie schweben rechts und links vom Kaiser: der Stier, der Engel, der Adler und der Löwe. Die sind uns doch schon einmal im Buch des Zeitgeistes 800 begegnet!"

„Ich muss sagen, ich fühle mich richtig geehrt in der Gesellschaft von so klugen Menschen zu sein, wie ihr es seid!", und der Zeitgeist verbeugte sich leicht vor den Kindern. „Diese Wesen schweben im Himmel. Der Kopf des Kaisers ist auf gleicher Höhe mit ihnen. Und schaut, wie aus diesem blauen Himmelskreis die große Hand herausgreift und den Kaiser krönt! Das ist die Hand Gottes, die von oben den Kaiser als seinen Vertreter auf der Erde auszeichnet."

„Hat Gott das wirklich so getan?" Anna war ein bisschen skeptisch.

„Nein", fuhr der Geist fort. „Aber schon Karl der Große hatte sich das sehr gewünscht. Und er war fest davon überzeugt, dass er als mächtigster Mann auf Erden auch die Verantwortung übernehmen könnte, und dass das im Sinne Gottes sei. So dachte auch Otto der Dritte. Diese Darstellung sollte seine Idee verständlich und wirkungsvoll ins Bild setzen, viel deutlicher als es Worte oder Buchstaben hätten ausdrücken können. Hier konnte jeder sehen, dass er die Krone direkt von Gott bekommen hatte.

Vor seinem Thron verbeugen sich zwei ebenfalls gekrönte Herrscher zum Zeichen seiner Macht. Und da ist noch etwas Interessantes: Der Thron wird von einer Frau gehalten. Dieses Symbol kannte Otto von den Römern. Die rundliche Frauengestalt soll die Erde darstellen. Damit befand sich Otto im Bild tatsächlich zwischen Himmel und Erde. Ganz unten stehen noch zwei Soldaten und zwei Priester, als Vertreter der wichtigsten Stützen des Reiches.

Diese Abbildung ist ganz oft in Illustrationen und sogar auf Altarbildern nachgemalt worden, und alle waren mit einem feierlichen Goldgrund versehen."

„Jetzt lass mich bitte auch mal nah an die Vitrine, damit ich das Gold nochmal sehen kann", schubste Paul Anna zur Seite.

Inzwischen schaute sich der Geist ein wenig verlegen um:

„Gibt es denn noch das wunderschöne Vortragekreuz, das Otto der Dritte dem Aachener Dom geschenkt hat?", fragte er so, dass man deutlich merken konnte, wie viel ihm an diesem Kreuz gelegen war.

„Du meinst das Lotharkreuz?"

„Nein, Anna, ein Lotharkreuz kenne ich nicht. Aber zeig es mir doch mal!"

Die Kinder führten den Geist in einen weiteren Raum. Da war das Kreuz im Licht der Fackeln deutlich zu erkennen. Der Geist hielt ehrfürchtig inne.

„Oje, entschuldigt. Ich bin nur so gerühühürt ...", und tatsächlich, Zeitgeister können weinen! „Verzeiht, aber wenn ich dieses Kreuz im Fackellicht sehe, dann kann ich einfach nicht anders. Es strahlt noch genauso herrlich wie zu meiner Zeit, als man es bei feierlichen Anlässen in den Dom hinein trug." Der Geist schwebte zur hinteren Seite des Kreuzes.

„Diese Zeichnung ist wohl das Großartigste, was damals geschaffen wurde! Ich selbst habe den Meister bei seiner Arbeit beobachtet, als er mit feinen sicheren Linien Christus am Kreuz auf dieser Platte entstehen ließ. Seht, wie der sterbende Christus seinen Kopf ganz auf seine rechte Schulter lehnt! Der Meister verzichtete auf Schattierungen, so erscheint der Körper noch geheimnisvoller. Man muss schon genau hinschauen, um die Umrisse zu sehen. Es ist, als ob sich der Körper im lichten Gold aufgelöst hätte. Das Material ist auch hier echtes Gold, ähnlich dem Blatt im Evangeliar."

„Vielleicht wollte der Künstler Christus deswegen nicht so deutlich zeichnen, weil Gott unsichtbar ist. Man kann ihn nur spüren", überlegte Paul.

„Ja, man kann die Linien auf dem Goldgrund kaum sehen. Wenn ich die Fackel ganz nahe dran halte, selbst dann muss ich die richtige Stelle finden, von wo aus ich die ganze Zeichnung sehen kann. Es ist, als ob Christus gar nicht richtig da wäre", stimmte Anna ihm zu.

„Wisst ihr", sagte der Zeitgeist, „ich bin ja so froh, dass ihr das auch empfinden könnt. Es ist genau, wie ihr es sagt. Der Meister hatte die Aufgabe, ein Geheimnis zu zeichnen. Etwas, das eigentlich unsichtbar ist, sollte er trotzdem sichtbar machen. Er sollte Gedanken zeichnen und keine Gegenstände, bei denen man das Gefühl hätte, man könne sie anfassen. Christus war nicht mehr zu sehen, trotzdem sollte er im Kreuz zu erahnen sein."

„Deswegen war es ihm auch egal, ob er etwas genauso zeichnet, wie es in der Wirklichkeit ist", überlegte Anna.

„Genau. Es ist ganz außergewöhnlich, Christus am Kreuz sterbend darzustellen. Die Menschen wollten sich lieber darüber freuen, dass Christus am dritten Tag auferstanden ist. Aber hier ist der tote Christus abgebildet. Rechts und links neben seinem Kopf sind in Kreisen die Sonne und der Mond in menschlicher Gestalt zu sehen. Sie weinen beide und verdecken ihre trauernden Gesichter. Aber wie ihr wisst, hat nicht der Tod über Christus, sondern Christus über den Tod gesiegt. Das kann man daran erkennen, dass aus dem Himmel, der wie ein Flammenmeer anmutet, eine riesige Hand hervorkommt. Es ist die Hand Gottes und sie hält einen Lorbeerkranz."

„So einen haben auch Cäsar und die römischen Kaiser getragen!"

„Das stimmt, Paul. Ein Lorbeerkranz war immer schon ein Zeichen des Sieges und durfte zum Beispiel von erfolgreichen Sportlern getragen werden. Gott zeichnet seinen Sohn damit als Sieger über den Tod aus und auch als Sieger über das Böse. Denn Christus predigte in seinem Leben den Menschen, dass Liebe das Wichtigste ist.

Wie aber sollte der Meister das Böse darstellen? Als Symbol suchte er sich die Schlange aus. Diese Schlange windet sich ganz unten um das Kreuz, als Zeichen dafür, dass sie bezwungen ist. Und schaut mal, dort oben die Taube! Das soll die Seele von Christus sein, die zum Himmel schwebt. Diese Seite des Kreuzes mag ich am liebsten, denn sie zeigt uns, dass wir nicht nur traurig sein müssen, wenn wir Christus am Kreuz

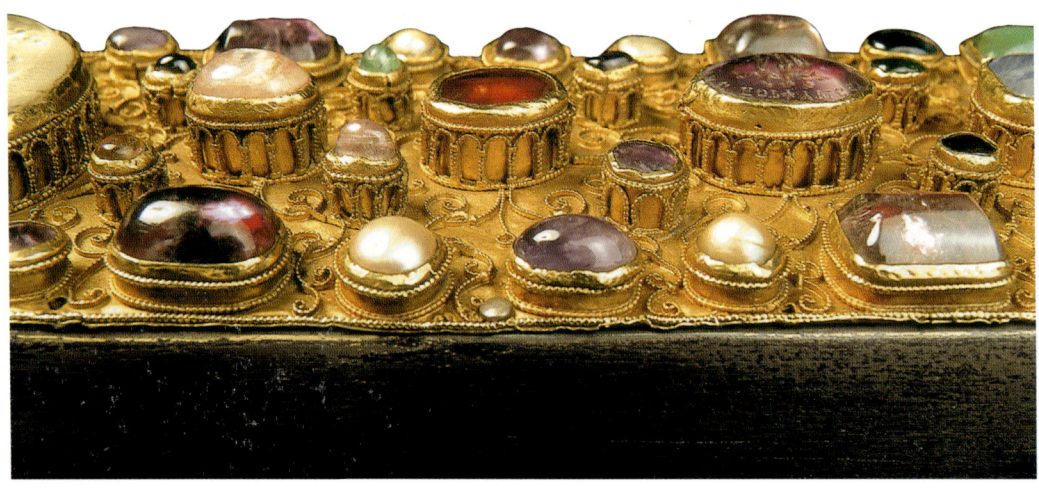

sehen. Wir dürfen auch froh sein, dass er über das Böse gesiegt hat. Otto empfand das damals auch so und bedankte sich überschwänglich bei dem Künstler.

Lasst uns noch einmal zur anderen Seite hinüber schweben! Hier seht ihr in der Mitte den bereits auferstandenen Christus. Er sitzt im Himmelreich und trägt den Lorbeerkranz, den sein Vater ihm aufgesetzt hat. Der Stein, der das Christusbild trägt, ist ein ganz besonders seltener Stein. Er weist mehrere Schichten in verschiedenen Farben auf: Die oberste ist rotbraun, die nächste ist weiß und der Hintergrund, also die unterste Schicht ist dunkelbraun. Man nennt ihn Sardonyx. Aber glaubt nur nicht, Otto hätte mit dieser reichen Verzierung nur zeigen wollen, wie wohlhabend er ist! Alle Edelsteine auf dem Kreuz haben eine Bedeutung. Sie ergeben ein bestimmtes Bild, und zwar das Bild des Himmelreichs. In der Mitte regiert Christus und die anderen Edelsteine sind die Häuser der Himmelsstadt. Ihr müsst euch vorstellen, ihr seht von oben auf die Dächer dieser Stadt. Von der Seite sind kleine Torbögen und winzige Säulen aus Gold zu erkennen. Die Blumenranken könnten die goldenen Straßen der Stadt sein. Und alles strahlt und glitzert herrlich."

„Ist das nicht die Stadt, die in der Bibel beschrieben wird? Die genauso breit wie lang ist?", fragte Anna.

„Tatsächlich hat man diese Seite des Kreuzes nach der Beschreibung der Himmelsstadt aus der Bibel so gestaltet."

„Nur eins verstehe ich nicht", sagte Paul. „Warum sollte diese Himmelsstadt golden und voller Edelsteine sein? Ich meine, Christus wären einfache Hütten lieber gewesen. Er wollte keinen Reichtum. Reichtum macht nicht wirklich glücklich."

„Es sind aber nicht alle reichen Menschen unglücklich", unterbrach Anna energisch.

„Wenn im Himmel alle reich wären, dann wäre immer einer neidisch auf den anderen, weil dieser vielleicht mehr hätte. Und dann entsteht Hass", behauptete Paul mit kräftiger Überzeugung.

„So habe ich das noch nie gesehen", überlegte der Geist. „Gold und Edelsteine waren für Christus sicher nicht wichtig. Vielleicht hat Johannes, der die Himmelsstadt für uns in der Bibel beschrieben hat, gar nicht den Reichtum gemeint. Er hat vielmehr versucht, uns über die Eigenschaften von Gold und Edelsteinen den Glanz des Himmels näher zu bringen. Das ist mit Worten sehr schwer auszudrücken."

„Ich habe jetzt aber noch eine Frage", unterbrach Paul den Geist. „Ich überlege die ganze Zeit, an wen mich das Gesicht von Christus auf dem Stein in der Mitte erinnert. Ich habe das Gefühl, ich habe es schon einmal gesehen."

„Dein Gefühl ist richtig, denn jetzt kommt das Unglaubliche. Das Gesicht stellt Augustus, den ersten römischen Kaiser dar. Es entstand ungefähr zu der Zeit, als Christus auf die Welt kam. Das heißt, zu meiner Zeit war dieser Stein schon tausend Jahre alt!"

„Dann ist er heute über zweitausend Jahre alt", staunte Anna.

„Aber was sucht ein römischer Kaiser an der Stelle von Christus?", die Kinder hielten den Geist mit ihren Fragen in Atem.

„Das ist äußerst kompliziert, aber ich glaube, ihr werdet es verstehen. Otto der Dritte dachte, wenn Christus in die Mitte des Kreuzes gehört, dann könnte er als sein Vertreter diesen Platz auch einnehmen. Doch ehe er einen Meister mit seinem Porträt beauftragen konnte, fand er eines Abends beim Stöbern in seiner Schatztruhe diesen Stein. Seine Mutter Theophano hatte ihn als besondere Kostbarkeit aus ihrer Heimat mitgebracht. Otto war begeistert, denn nun konnte er seine Vorstellung von einem Herrscher mit diesem Kreuz gut zeigen. Und das, was sich hier zunächst als großes Geheimnis darstellte, kann von euch gelöst werden. Warum setzt nämlich Otto das Bild eines römischen Kaisers anstelle seines eigenen Bildes ein?"

„Weil er sagt, dass er ein römischer Kaiser ist!", kam es von Anna wie aus der Pistole geschossen.

„Er ist aber auch Vertreter von Christus auf der Erde. Also stellt das Bild, wie du es am Anfang gesagt hast, auch Christus dar", lüftete Paul mit seiner Ergänzung nun endgültig das Geheimnis des Augustus-Steines.

„Wenn Otto jetzt hier wäre, wäre er begeistert, dass ihr seiner Idee so schnell auf die Spur gekommen seid! Ich erlaube mir, euch hiermit zu den Jahr-1000–Experten zu ernennen."

Doch Anna hatte immer noch eine Frage:

„Wir nennen das Kreuz aber Lotharkreuz, hast du eine Idee warum?"

„Es könnte sein, dass man wegen dieses Steines hier in der unteren Hälfte des Kreuzes auf den Namen kam. Er gehörte nämlich König Lothar. Man dachte wohl, dass nicht nur der Stein, sondern das ganze Kreuz von ihm stammt. Vielleicht heißt es deshalb bis heute Lotharkreuz."

„Das ist eine gute Idee, Herr Zeitgeist 1000", lobte Anna.

„Oh, danke, ist doch nicht der Rede wert. Ich habe mich eben bemüht", freute sich der Zeitgeist und errötete sogar leicht.

„Ich werde das Kreuz ab heute Ottokreuz nennen", beschloss Paul.

„Es gibt noch etwas besonderes, das Otto seinem Lieblingsdom geschenkt hat. Also, wenn ihr wollt, können wir wieder gemeinsam in den Dom fliegen! Ich fliege auch ganz langsam, dann könnt ihr beiden die Fackeln in der Hand behalten, wir werden sie gleich brauchen."

Der Zeitgeist warf seine Fackel in die Luft und sie verschwand. Sie flogen von einem sanften Wind getragen in den Dom zurück.

Als sie wieder in dem dunklen Gebäude landeten, richtete der Geist Annas Fackel auf den Altar. Langsam gingen sie darauf zu. Im Licht funkelten die goldenen Platten geheimnisvoll und fingen fast von alleine an zu erzählen. Welche Pracht!

„Ist das alles echtes Gold?", fragte Anna staunend.

„Ja. Es ist ganz selten, dass man solche Reliefs aus purem Gold machte.

„Was heißt denn Relief?", fragte Anna, die das Wort noch nie gehört hatte.

„Das siehst du doch! Hier sind die Figuren nicht in das Gold flach hineingeritzt wie beim Lothar ..., nein, ich wollte doch sagen Ottokreuz, sondern sie kommen uns fast entgegen. Man könnte die Körper und die Bäume anfassen. Aber warum ist das selten?", wunderte sich Paul.

„Weißt du, Paul, pures Gold ist eigentlich ein weiches Material. Wenn es zu einer dünnen Platte verarbeitet ist, musste nur jemand kurz dagegen drücken und schon entstand eine Beule. Die Goldschmiede bevorzugten daher Silber für das Relief, weil es härter ist. Das fertige Relief wurde dann vergoldet. Diese Platten hier am Altar aus purem Gold sind also wirklich eine Besonderheit und sehr empfindlich. Seht ihr hier in der Mitte die Mandelform? Das ist die Glorie, darin ist der thronende Christus abgebildet."

„Diese Mandelform, die du Glorie nennst, haben wir in dem Buch in der Schatzkammer schon gesehen."

„Du hast ein gutes Gedächtnis, Anna! Hier am Altar wird Christus in der Glorie eingerahmt von den vier Symbolen der Evangelisten. Seht ihr, wie oft euch das begegnet?"

„Mal sehen, ob ich noch weiß, wer zu wem gehört", und Paul begann, die Symbole zuzuordnen: „Der Engel gehört zu Matthäus, der Löwe zu Markus, der Adler zu Johannes und der Stier zu Lukas."

„Respekt, Paul! Dass du dir das gemerkt hast. Aber lasst uns weiter schauen! Die einzelnen Bilder auf dem Altar erzählen wie ein Bilderbuch die Leidensgeschichte, die Kreuzigung und die Auferstehung von Christus. So wie die Texte der Bibel in jeder Messe feierlich vorgesungen wurden, genauso sollten diese Geschichten den Menschen in strahlendem Gold immer gegenwärtig sein. Bilder haben nicht nur auf die Menschen, die nicht lesen konnten, mehr Eindruck gemacht als Buchstaben und Texte."

„Ich finde es zum Beispiel schwer, mir Gott vorzustellen, er ist ja unsichtbar. Deswegen finde ich Bilder so schön. Dann kann man sehen, wie sich der Künstler Gott vorstellte. Es gibt ja so vieles, was eigentlich unsichtbar ist. Es wäre schön zu versuchen, all das zu zeichnen", überlegte Anna.

„Es ist schon ein Jammer, dass Otto den Altar nicht mehr sehen konnte", erzählte der Geist. „Er ist sehr früh gestorben. Er war erst 22 Jahre alt, als er in der Nähe von Rom starb. Aber er wollte unbedingt im Aachener Dom begraben werden, weil er doch Kaiser Karl so sehr verehrt hatte. So brachte man den Leichnam Ottos trotz der sommerlichen Hitze über die Alpen nach Aachen, um ihm seinen Wunsch zu erfüllen. Stellt euch vor, der Leichenzug Ottos wurde von Heinrich dem Zweiten überfallen, der unbedingt Nachfolger Kaiser Ottos werden wollte. Es war unerhört! Heinrich hat einfach alle privaten Schätze von Otto gestohlen! Tatsächlich wurde Heinrich der Zweite in Aachen zum König und später in Rom zum Kaiser gekrönt. Sein schlechtes Gewissen ließ ihm jedoch keine Ruhe und er beschloss, die gestohlenen Schätze dem Aachener Dom zu schenken. So ließ er für den Dom eine goldene Kanzel anfertigen, an der einige von Ottos Schätzen untergebracht sind."

„Ich hätte das Geschenk nicht angenommen!", protestierte Paul.

„Nein, ich finde das richtig, denn so sind die Schätze Ottos wenigstens noch in seinem Lieblingsdom gelandet", erwiderte Anna.

„Ich sehe aber weder das Grab Ottos, noch die Kanzel!", schaute sich der Geist im Oktogon um.

„Vielleicht sollten wir zur Chorhalle gehen", schlug Paul vor.

„Wohin, bitte?", wunderte sich Zeitgeist 1000.

„Dann gab es die Chorhalle zu deiner Zeit noch nicht? Auch der Zeitgeist 800 hat sich schon gewundert, was alles an den Dom angebaut wurde. Wir wissen auch nicht, wer diese große Halle gebaut hat, aber da in der Mitte sehe ich schon ein Grab", und Paul lief gleich vor.

Der Geist war sichtlich überwältigt von dem riesigen Raum. „Das ist ja unglaublich, so hohe Fenster! Uui, geht das weit hoch! Und fast keine Mauern!"

„Aber einen Fußboden, komm zurück! Du wolltest doch das Grab Ottos sehen. Hier ist die schwarze Steinplatte."

„Oh, das Grab Ottos des Dritten hat man also hierher verlegt und neu gemacht. Nun, ja. Immerhin ist es schön, dass es noch diese Erinnerung gibt. Aber schaut, da ist ja auch die Heinrichskanzel!", und schon schwebte der Geist hinüber.

„Meine Güte, da hat der Heinrich ja wirklich eine halbe Schatztruhe verwendet!", staunte Anna.

„Und ihr werdet euch wundern, was alles in der Truhe war. Nicht nur Gold und Edelsteine, sondern auch eine Tasse aus byzantinischem

Kristall. Und da steht die dazugehörende Untertasse. Die kleinen länglichen Steine, die etwas abstehen, das sind ägyptische Schachfiguren", und deutete auf die kuriosen Kostbarkeiten.

„Das ist ja super! Ich wette, das weiß kaum einer außer uns", freute sich Paul.

„Ihr Lieben, nun wird es Zeit für mich, Abschied zu nehmen. Ich habe mich bemüht, das Schönste und Interessanteste über meine Zeit zu erzählen. Hoffentlich konnte ich euch damit ein wenig unterhalten. Das Rätsel wird euch sicher keine Schwierigkeiten machen. Wenn ich euch nun zum letzten Mal bitten dürfte, mit mir in den geheimen Raum zu fliegen, damit ich wieder in meine Flasche schlüpfen kann", und der Zeitgeist nutzte die Gelegenheit, die Kinder noch einmal zu umarmen.

„Danke lieber Zeitgeist, du musst doch nicht so schüchtern sein, du kannst doch ganz wunderbar erzählen", ermutigte Paul den verlegenen Geist. Anna verabschiedete sich auch:

„Wir hatten richtig viel Spaß mit dir!"

„So, nun bin ich schon weg. Das war eine so schöne Zeit mit euch. Habt vielen Dank!" Schnell schlüpfte der Geist in seine Flasche, damit die Kinder nicht merkten, dass wieder eine große Träne an ihm herunterkullerte. Anna und Paul legten die Flasche vorsichtig in das Regal zurück und warteten auf die Flaschenpost mit dem Rätsel.

RÄTSEL

1. Buchstabe:

	wahr	falsch
1. Otto der Dritte wurde mit 30 Jahren zum König gekrönt.		
2. Otto der Erste wurde auf dem Thron Karls des Großen zum König gekrönt.	E/4	C/4
3. Die Frau Ottos des Zweiten hieß Theophano.	D/6	B/2
4. König Lothar schenkte das Lotharkreuz dem Aachener Dom.	A/4	C/2
5. Die Frau Ottos des Zweiten kam mit 3 Hofdamen in Rom an.	F/5	B/4
6. Die goldene Kanzel schmücken die Privatschätze von Otto dem Dritten.	A/2	D/4
7. Otto der Dritte wurde mit 16 Jahren in Rom zum Kaiser gekrönt.	D/5	C/8
8. Die Ehefrau Ottos des Ersten war bei seiner Krönung in Aachen nicht dabei.	A/5	B/5
	A/6	A/8

2. Buchstabe:

	wahr	falsch
1. Otto der Dritte schenkte den Goldaltar dem Aachener Dom.		
2. Die Platten vom Goldaltar sind aus Silber, das vergoldet wurde.	H/4	H/9
3. Auf dem Lotharkreuz sehen wir den bereits gestorbenen Christus eingraviert.	H/2	H/5
4. Purpur wird aus dem Purpurschwein gewonnen.	G/7	F/5
5. Otto der Dritte ließ sich in einem Buch christus-ähnlich darstellen.	I/5	H/6
6. Otto der Dritte wollte in der Kirche Karls des Großen begraben werden.	I/7	H/8
7. Der Lorbeerkranz ist ein altes Zeichen für einen Verlierer.	G/4	I/6
8. Die Kinderkrone Ottos des Dritten ist heute in Essen in der Domschatzkammer.	F/3	F/4
9. Heinrich der Zweite hat den Leichenzug Ottos des Dritten überfallen.	I/4	H/2
10. Heinrich der Zweite verkaufte die von Otto gestohlenen Schätze.	I/7	I/5
11. Die Mutter Ottos des Dritten stammte aus Bayern.	I/2	H/7
12. Otto der Dritte ist in Italien gestorben.	I/3	F/7
	I/4	G/1

Zeitgeist 1100

„Olehopp! Na, war das nicht ein herrlicher Salto aus der Flasche? Ich wette, das macht mir so schnell keiner nach. Ich bin eben der Beste, der Stärkste, der Schönste und der …"

„Haaallooo!", unterbrach Paul die fröhliche Angeberei des Geistes 1100. „Mach mal halblang! Wir hätten gerne das nächste Rätsel von dir. Vier Buchstaben des Lösungswortes haben wir schon heraus bekommen. Kannst du uns auch Geschichten über deine Zeit erzählen?"

„Gerade wollte ich euch sagen, dass ich der beste Geschichtenerzähler bin, den ihr je gehört habt. Oder etwa nicht?"

„Wie sollen wir das wissen, du hast doch noch gar nicht angefangen! Mit den Zeitgeistern 800 und 1000 war es jedenfalls sehr spannend", forderte Anna ihn heraus.

„Ich kann euch sagen, ich komme aus der geistreichsten Familie aller Zeiten! Ich weiß zwar nicht, was die Zeitgeister 800 und 1000 erzählt haben, aber ich wette, dass ihr noch nie etwas von einem Kaiser gehört habt, der einen langen roten Bart hatte! Über diesen Kaiser kann nämlich nur ich berichten! Er hieß eigentlich Friedrich, aber alle nannten ihn Barbarossa. Dieser Name kommt aus dem Italienischen und bedeutet nichts anderes als Rotbart. Und einen solchen hatte er auch. Dieser Barbarossa wollte unbedingt Nachfolger von Kaiser Karl werden, und er wurde dann auf dem Karlsthron in Aachen gekrönt. Später …"

„… wurde er sicher vom Papst in Rom zum Kaiser gekrönt", beendete Anna den Satz. Der Geist stand einen Moment lang mit offenem Mund da. Dann fuhr er schnell mit seiner Erzählung fort, denn er war nicht gewohnt andere zu loben: „Ja, das waren damals unruhige Zeiten. Barbarossa führte viele Kriege, und manchmal hat er sogar mit dem Papst gestritten. Denn er sah sich genauso wie Kaiser Karl als ..."

„... als römischer Kaiser und Vertreter von Christus auf der Erde", riefen die Kinder im Chor. Jetzt konnte auch der Zeitgeist 1100 seine Bewunderung nicht mehr zurückhalten: „Bei allen guten Geistern, woher wisst ihr denn so gut Bescheid? Ich habe zwar viele kluge Knappen in eurem Alter gekannt, die später alle zum Ritter geschlagen wurden, aber so kluge wie ihr sind mir noch nicht begegnet."

„Bist du etwa ein Geist aus der Ritterzeit?" Paul hätte vor Freude auch einen Salto schlagen können. „Ich habe zu Hause ganz viele Bücher darüber. Die habe ich alle gelesen. Ich war sogar zu Karneval oft als Ritter verkleidet. Bitte erzähl uns alles, was du weißt!"

„Ritter zu sein", begann der Geist mit stolzer Brust, „war viel mehr als nur ein Krieger zu Pferd zu sein. Ein wahrer Ritter diente Gott durch seine Tapferkeit und seine Kraft. Er sollte aber diese Kraft nur für die Gerechtigkeit einsetzen, nicht aber gegenüber schwachen und wehrlosen Menschen. Gerade die sollte er mit seinem Schwert beschützen. Ein edler Ritter benahm sich maßvoll, er durfte nicht schimpfen und fluchen. Und wenn eine Dame seines Herzens in der Nähe war, verhielt er sich höflich und würdevoll und war bemüht, ihr jeden Wunsch von den Augen abzulesen. Wenn eine Dame ihr Taschentuch fallen ließ, bückte sich ein Ritter galant und hob es auf."

„Aha?", sagte Anna schmunzelnd und kramte in ihrer Jackentasche nach einem halbwegs sauberen Taschentuch. Unauffällig ließ sie es auf den Boden fallen und schaute Paul erwartungsvoll an. Schmunzelnd hob er es schließlich ritterlich auf und gab es Anna zurück.

„Das funktioniert also auch heute noch, scheint mir", meinte der Geist zufrieden. „Nur an eure Kleidung kann ich mich nicht gewöhnen. Da werden wir mal eben nachhelfen!"

Im selben Moment ging ein Blitzen durch den Raum und als die Kinder ihre Augen wieder öffneten, standen sie sich plötzlich als Burgfräulein und Ritter gegenüber. Der Zeitgeist hatte tatsächlich gezaubert und Paul und Anna fühlten sich wie im Traum. Ob man ihnen das je glauben würde, was sie hier erlebten? Anna spazierte würdevoll auf und ab in dem kleinen verstaubten Raum. Sie tat so, als wäre sie im schönsten Saal, während Paul sich im Fechten, oder vielmehr im Gewichtheben übte, denn an seinem Ritterkostüm hing ein so schweres und langes

Eisenschwert, dass von einem leichten Schwingen nicht die Rede sein
konnte.

„Hast du auch mal ein richtiges Ritterturnier erlebt?", fragte Paul
den Zeitgeist.

„Was für eine Frage! Ich, der berühmte Zeitgeist 1100, war immer
und überall dabei, natürlich unsichtbar. Soll ich euch von dem groß-
artigsten Turnier aller Zeiten erzählen, bei dem die besten Ritter ihr
Können beweisen wollten? Der Gastgeber war kein Geringerer als
Kaiser Barbarossa. Er feierte besonders gerne große, ausgelassene
Feste. Das Fest, das ich meine, fand in Mainz statt und dauerte mehrere Tage. Die Söhne Barbarossas sollten nämlich zu Rittern geschlagen werden. 40 000 Ritter waren mit all ihren Knechten, Knappen und
Pagen geladen und schlugen für diese Zeit ihre farbenprächtigen Zelte
auf. Zur Unterhaltung der Gäste kamen Gaukler, Seiltänzer und
fahrende Sänger, die schöne alte Geschichten als Gedichte vortragen
konnten. Natürlich wurde reichlich aufgetischt: Ganze Ochsen,
Schweine und Hühner wurden am Spieß gebraten. Beim Turnier zeigte
der Kaiser selbst seine Kraft im Kampf gegen seine Söhne. Barbarossa
legte sehr viel Wert darauf, als ein starker Ritter aufzutreten. Ich kann
euch sagen, das war ein verschwenderisches Fest!"

„Ich hätte sie alle im Turnierkampf geschlagen!", und Paul schaffte
es diesmal, das Schwert über seinen Kopf zu heben.

„Gegen Barbarossa wäre es schwer gewesen", setzte der Geist seine
Erzählung fort, „aber er war nicht nur ein kräftiger Mann, sondern auch

ein ganz schlauer und mächtiger Herrscher. Alle Könige, die seit Otto in Aachen auf dem Thron gekrönt worden waren, präsentierten sich als Nachfolger des mächtigen Karl. Barbarossa reichte das nicht mehr. Er hatte einen Plan, wie sein Ruhm noch wachsen könnte: Er wollte aus Kaiser Karl einen Heiligen machen. Damit er nicht nur Nachfolger eines berühmten Kaisers war, sondern der Nachfolger eines Heiligen. Das war zunächst gar nicht so einfach."

„Wie kann man denn aus jemandem einen Heiligen machen?"

„Und wer darf das tun? Kann ein Kaiser das?"

Anna und Paul kam das sehr unverständlich vor. Der Geist versuchte, ihre Fragen zu beantworten:

„Zunächst gibt es einige Heilige, die ihr wahrscheinlich alle kennt, die sozusagen selbstverständlich heilig sind, wie beispielsweise die Mutter Maria."

„Und ihr Verlobter Joseph!"

„Und der heilige Petrus auch!", ergänzten die Kinder.

„Ja, und alle anderen Apostel von Christus. Andere Heilige, die nicht zur gleichen Zeit wie Christus lebten, konnten erst nach ihrem Tod heilig gesprochen werden. Menschen wurden heilig gesprochen, wenn in ihrem Leben Wunder geschehen waren, die Gott auf ihr Bitten hin vollbracht hatte."

„Aber gab es denn Wunder im Leben Kaiser Karls?", fragte Anna. „Der Zeitgeist 800 hat uns gar nichts darüber erzählt."

„Ich denke, dass es Barbarossa gar nicht interessierte, ob es wirklich Wunder gegeben hat", antwortete der Geist. „Es reichte schon, dass die Menschen die Taten Karls so darstellten, als seien es Wunder gewesen und diese Geschichten verbreiteten. Ihr wisst ja, wie das ist: Jeder, der etwas weitererzählt, schmückt die Geschichte noch ein bisschen aus. Und schließlich wird aus einer einfachen Begebenheit ein Wunder."

„So ähnlich wie ‚Stille Post'", erklärte Paul. „Und jeder Erzähler wollte mit seiner Version noch ein bisschen angeben. So etwas gibt es heute auch noch: Der Niklas aus meiner Klasse hat seinem besten Freund von einem tollen ferngesteuerten Formel-1-Rennwagen erzählt, den er geschenkt bekommen hat. Dieser hat die Geschichte an einen anderen Freund weitergegeben. So hat es schließlich die ganze Klasse erfahren. Als die Nachricht bei mir ankam, da war aus dem ferngesteuerten Spielzeugauto ein sensationeller echter Rennwagen geworden.

So sind sicher auch Karls Wunder entstanden." Paul war sichtlich stolz auf seinen Vergleich.

„Paul, der Zeitgeist versteht dich doch nicht!", deutete Anna das staunende Gesicht des sonst so wortgewandten Geistes. „Weißt du", richtete sie sich an den Geist, „das, wovon Paul erzählte, gab es in deiner Zeit noch nicht. Ein Auto ist so etwas wie eine Kutsche, die aber ohne Pferde fahren kann. Dabei ist es viel schneller als eine Kutsche."

„Danke Anna, für die Erklärung."

Der Geist wollte nicht zugeben, dass er rein gar nichts verstanden hatte und setzte seine Erzählung schnell fort: „Also, an Geschichten über die Wundertaten Kaiser Karls hat es wahrhaftig nicht gefehlt! Zu meiner Zeit durften außer dem Papst auch die Bischöfe über Heiligsprechungen entscheiden. Jetzt musste Barbarossa nur noch einen Bischof von Karls Wundertaten überzeugen. Zur Sicherheit hatte Barbarossa auch noch die Einwilligung des Papstes eingeholt. Nun stand der feierlichen Heiligsprechung nichts mehr im Wege. Das große Fest sollte natürlich im Aachener Dom stattfinden. Barbarossa und seine Frau Beatrix sowie tausende Gäste waren dabei, als man das Grab Karls öffnete und seine Knochen aus dem alten Proserpina-Sarkophag nahm."

„Das ist ja gruselig. Warum musste man denn die Knochen herausnehmen?", fragte Paul. „Man hätte ihn doch einfach heilig sprechen können."

„Um Karl als Heiligen verehren zu können, sollte sein Körper nicht unter der Erde liegen, sondern erhöht mitten im Dom aufgestellt werden. Für die Christen waren die Überreste von Heiligen sehr gehütete Schätze, die nicht nur der Erinnerung an die Verstorbenen dienten, sondern den Menschen Kraft und Mut gaben. Diese Erinnerungsstücke und Überreste von Heiligen nennt man ‚Reliquien'. Ein ganz schön schweres lateinisches Wort, das übersetzt ‚Zurückgelassenes' bedeutet. Für die Knochen Karls ließ Barbarossa einen ganz besonderen Sarg entwerfen. Dieser Schrein, so nennt man einen besonderen Sarg, sollte prächtig und aufwändig verziert werden. Da die Herstellung einige Zeit in Anspruch nahm, gab es vorübergehend einen Ersatzschrein. Damit erhielt der heilige Kaiser Karl einen Ehrenplatz mitten im Oktogon. Wisst ihr eigentlich, was Oktogon bedeutet?"

„Natürlich wissen wir das!", sprudelte es aus Paul hervor, „Oktogon heißt Achteck."

„Großartig, Paul!" Der Geist war begeistert und vergaß ganz, dass er andere doch gar nicht gern lobte.

„Nun hatte Barbarossa erreicht, was er wollte: Er war Nachfolger eines heiligen Kaisers und machte den Dom zur Hauptkirche seines Römischen Reiches. Aber er ging noch ein Stück weiter. Diese Machtposition war ihm noch nicht genug. Er sagte sich: ‚Wenn ich Nachfolger eines Heiligen bin, der mein Reich gegründet hat, dann kann ich dieses Reich ab jetzt das Heilige Römische Reich nennen.' Das musste er selbstverständlich der ganzen Welt in Bildern deutlich machen."

„So wie Karl im Aachener Dom durch den Thron zwischen Himmel und Erde seine Macht gezeigt hat!", erklärte Anna dem sichtlich beeindruckten Geist.

„Genau so! Barbarossa ließ die Gebeine Karls aus dem Proserpina-Sarkophag herausheben und platzierte sie in der Mitte des Doms. Nun suchte er nach einem Zeichen, das Karl als Heiligen darstellte. Das sollte zum einen der prächtige Schrein sein, zum anderen hängte er über den Schrein ein weiteres Symbol."

„Mitten im Oktogon hängt doch der Barbarossaleuchter!", wandte Paul ein.

„Oh, dann ist der Leuchter eigentlich ein Heiligenschein!?", rief Anna fast atemlos.

„Ihr könnt wirklich großartig Bilder lesen. Tatsächlich schwebte der Leuchter wie ein goldener Heiligenschein über dem Schrein."

„Wir haben solche Heiligenscheine schon in einem alten, handgemalten Buch über den Köpfen der Evangelisten entdeckt. Sie sehen aus wie goldene Teller", sagte Paul.

„Könnt ihr euch vorstellen, dass der Leuchter auch noch etwas anderes ausdrückte?"

„Der Leuchter sieht wie eine Krone aus."

„Richtig, Anna! Das alles ergab ein perfektes Bild vom heiligen Kaiser Karl."

„Ganz schön schlau von Barbarossa", bemerkte Paul.

„Kommt! Lasst uns schnell hinuntergehen ins Oktogon, ich möchte euch den Karlsschrein und den Leuchter zeigen."

Der Zeitgeist 1100 packte die immer noch als edles Burgfräulein verkleidete Anna und den tapferen Ritter Paul unter den Arm und sauste zum Oktogon.

„Ach du liebe Güte, wer hat denn den Schrein gestohlen?", rief der Geist entsetzt und ließ die beiden Schatzsucher unsanft auf den Boden plumpsen. Der Platz unter dem Leuchter war leer.

„Vielleicht steht er hinten in der Chorhalle. Komm, wir führen dich hin." Paul nahm den Geist an die Hand und führte ihn durch die Kirche. Da schrie der Geist plötzlich: „Da ist er ja! Oh, bin ich froh, dass er nicht gestohlen wurde. Aber wo sind wir hier? Wer hat denn diesen neuen Raum gebaut?"

„Das wissen wir auch nicht", und während Paul noch darüber nachdachte, ob sie wohl noch den Zeitgeist kennenlernen würden, der das endlich beantworten könnte, sauste der Geist um den Karlsschrein herum, um sich alles genau anzuschauen. Die Kinder mussten auf Stühle klettern, um den Schrein richtig sehen zu können.

„Das sieht aus wie ein goldenes Haus. So stelle ich mir das Haus eines Heiligen vor", sagte Paul. „Aber ist es ganz aus Gold?"

„Nein, nicht ganz. Der Schrein ist innen aus Holz, damit er gut hält. Darüber wurden Platten und Figuren aus Silber gelegt, nicht weil Barbarossa sich Gold nicht leisten konnte, sondern weil Gold ein sehr weiches Metall ist. Hinterher wurde dann das Ganze vergoldet."

„Der Goldaltar Otto des Dritten ist aber aus reinem Gold!"

„Das sind doch nur ganz dünne Platten", korrigierte Paul Anna.

„Schaut einmal her zur schmalen Vorderseite!", begann der Geist seine Erklärungen. „Hier sitzt der heilige Kaiser Karl auf einem Thron. Er trägt eine Krone und hält in der rechten Hand ein kleines Modell vom Aachener Dom. Karl thront zwischen dem Papst und dem Bischof."

„Der Papst und der Bischof sind kleiner als der sitzende Karl, obwohl sie stehen", wunderte sich Anna.

„Aber Kaiser Karl musste doch als der Größte abgebildet werden. Und denk doch an den Thron, der ist tatsächlich sehr hoch."

„Es ist eine Wonne, euch beiden Gelehrten zuzuhören." Der Geist freute sich inzwischen über die lebhafte Diskussion der Kinder. „Aber lasst uns weiter schauen! Das Wichtigste in diesem Bild ist über Karl dargestellt. Aus einem Kreis, der den Himmel symbolisiert, schaut Christus heraus. Er hält seine rechte Hand über Karl und segnet ihn."

„Da haben wir es schon wieder", rief Paul dazwischen, „Karl als Vertreter von Christus, thronend zwischen Himmel und Erde."

„Warum sagst du ‚schon wieder', Paul?", wollte der Geist wissen.

„Er meint", antwortete Anna eifrig, „dass wir auch schon Otto den Dritten als Kaiser zwischen Himmel und Erde auf Bildern gesehen haben. Auch er hat aus der Hand von Christus die Krone empfangen, als Nachfolger von Kaiser Karl."

„Oh, das ist ja interessant!" Und wieder wunderte sich der Geist über das Wissen der Kinder. Er ging, gefolgt von Anna und Paul, hinüber zur langen Seite des Schreins. „Hier sitzen Könige, sechs auf jeder Seite. Alle diese Könige sind nach Karls Tod als seine Nachfolger auf seinem Thron gekrönt worden. Barbarossa wollte damit zeigen, dass die Herrschaft und die Macht des Heiligen Karl auf all diese Könige und somit auch auf ihn übertragen wurde."

85

„Dann kennen wir schon vier von diesen Königen", freute sich Anna, „Otto den Ersten, den Zweiten, den Dritten und Heinrich den Zweiten."

„Und Barbarossa", schloss Paul die Aufzählung.

„Nein, Paul, Barbarossa ist nicht unter ihnen abgebildet. Ich habe euch doch versprochen, dass ich euch die tollsten Sachen erkläre. Da hat sich Barbarossa nämlich wieder etwas ganz schön Freches, aber Kluges, einfallen lassen. Schaut euch noch einmal vorne das Gesicht Kaiser Karls an. Sieht es nicht aus wie das Gesicht Barbarossas? Na, damit wollte er demonstrieren: Ich bin genauso mächtig wie Karl. Ich *bin* der neue Karl!"

„Alle wollten so mächtig sein wie Karl", bemerkte Paul.

„Barbarossa wollte aber noch ein bisschen mächtiger sein. Deswegen hat er Karl zum Heiligen gemacht", fasste Anna zusammen.

„Übrigens, hat der Papst sich das denn gefallen lassen, dass er kleiner abgebildet ist als Karl oder Barbarossa? Als Papst hätte ich das nicht erlaubt."

„Ja, Paul, vielleicht hätte das Streit gegeben, aber zum Glück hat der Papst den Schrein zu meiner Zeit nicht gesehen. Aber jetzt genug! Lasst uns lieber auf den Leuchter fliegen und etwas schaukeln!"

Anna und Paul waren sich nicht ganz sicher, ob das eine gute Idee war, aber ein solches Abenteuer wollten sie sich nicht entgehen lassen.

Also flogen sie im Umhang des Geistes hinauf und er setzte sie einander gegenüber, damit das Gewicht gut verteilt war. Da Geister kein Gewicht haben, konnte er sitzen, wo es ihm gefiel. Dann schubste der Geist den Leuchter leicht an.

„Bitte bloß nicht so kräftig, sonst wird mir schwindlig", warnte Anna und schielte nach unten.

„Ach, ich finde es schon schade, dass der Schrein nicht mehr hier drunter steht. Und so viele schöne Platten und Schmuckstücke fehlen am Leuchter. Wenn ihr wüsstet, wie herrlich es aussah, wenn die brennenden Kerzen das Gold und die Edelsteine zum Funkeln brachten", trauerte der Geist seinen Erinnerungen nach. „Dann war der Leuchter nicht nur wie ein Heiligenschein, sondern glich der himmlischen Stadt, die Johannes in der Bibel beschrieben hat."

„Deswegen sind die großen und kleinen Türme angebracht, damit sie wie die Türme einer Stadt aussehen", entdeckte Paul. „Wir sitzen sozusagen auf den Stadtmauern."

„Kann der Leuchter nicht herunterfallen?", fragte Anna leise, weil er bei der angeregten Unterhaltung wieder in Bewegung kam.

„Nein, Anna, du brauchst dir keine Sorgen zu machen. Der Leuchter wird von einer sehr starken 100 Fuß langen Bronzekette gehalten. Die trägt auch zwei so große Kinder wie euch.

„Fuß? Das müsste doch ‚100 Füße' heißen und eigentlich sind es Kettenringe", kicherte Anna, die sich irgendwie Mut machen musste.

„Mit ‚Fuß' hat man im Mittelalter die Länge gemessen, so wie wir heute Zentimeter und Meter als Maß haben", erklärte ihr Paul. „Nur dass vier Fuß ungefähr einen Meter ergeben.

„Die Kette ist also ungefähr 25 Meter lang", rechnete Anna schnell aus. „Also so lang wie das Becken im Schwimmbad!"

Der Geist machte wieder ein verdutztes Gesicht, fragte aber nicht.

„Passt auf, ich zeige euch noch etwas Schlaues, das sich Barbarossa und seine Handwerker ausgedacht haben. Haltet euch wieder an mir fest!" Der Geist flog mit den Kindern etwas höher bis zum ersten Kettenring.

„Anna, halte deine Hand neben diesen Ring. Du siehst, er ist genauso groß wie deine Hand. Und jetzt aufgepasst!"

Wie mit einem unsichtbaren Aufzug flogen sie im Umhang des Geistes bis knapp unter die Kuppel. Zum Glück hatte keines der Kinder Höhenangst.

„So, Anna, halte jetzt deine Hand gegen das letzte Stück in der Kette!" Erstaunlicherweise war an dieser Stelle das ringförmige Kettenglied mehr als doppelt so groß wie Annas Hand.

„Wie ihr seht, werden die Ringe nach oben hin immer dicker. Wenn ihr jedoch gleich wieder von unten hochschaut, werdet ihr das Gefühl haben, dass die Kettenringe überall gleich groß sind."

„Na klar, denn wenn etwas weiter weg ist, erscheint es uns kleiner. Wenn wir von hier oben auf den schlafenden Domwächter gucken, sieht er so klein wie eine Ameise aus", amüsierten sich Anna und Paul.

„So, und zum Abschluss biete ich euch den aufregendsten Geisterflug, den ihr je erlebt habt." In schwindelerregendem Tempo sauste der Zeitgeist mit ihnen wieder hinunter, zweimal um das Oktogon herum und den Treppenturm hinauf zurück in den kleinen geheimnisvollen Raum.

„Halt, bevor du verschwindest, hast du denn nichts vergessen? Du hast uns noch gar nicht erzählt, wie die Geschichte von Barbarossa zu Ende geht?", fragte Anna.

„Das wollte ich euch gerade jetzt erzählen. Oh, das Ende von Barbarossa war richtig tragisch. Er ist, wie es sich für einen richtigen Ritter gehörte, im hohen Alter von 68 Jahren noch zu einem Kreuzzug aufgebrochen."

„Was ist denn ein Kreuzzug?", wollte Paul wissen.

„Das ist der ,heilige Krieg der Christen', zu dem der Papst aufgerufen hatte. Einer der Päpste, Urban der Zweite, rief Ritter und Geistliche in einer großen Versammlung dazu auf, nach Jerusalem in das heilige Land zu ziehen. Sie sollten die Muslime aus dem Land vertreiben, wo Christus gelebt hat, gekreuzigt wurde und auferstanden ist.

Papst Urbans Aufruf begeisterte die Zuhörer so sehr, dass sie im Chor riefen: ,Gott will es!'. Viele brachten gleich ein farbiges Kreuz an ihren Kleidern an, und brachen nach Jerusalem auf. Diesen Krieg zur Befreiung von Jerusalem nannte man Kreuzzug. Die ersten Ritter haben es tatsächlich geschafft, Jerusalem zu erobern. Sie haben sich aber weder wie richtige Christen noch wie Ritter verhalten, weil sie viele Menschen grausam umgebracht haben. Sie gründeten einen christ-

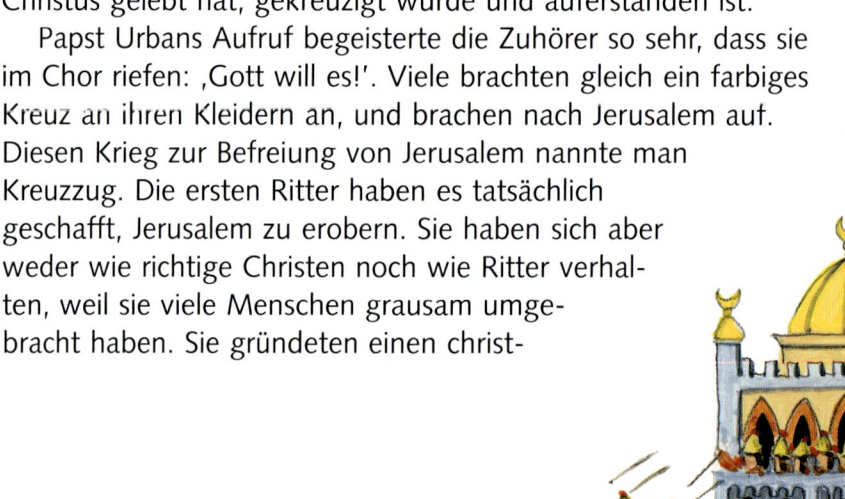

lichen Staat. Immer wieder wurden sie von arabischen Kriegern überfallen, und es wurde immer schwerer, den kleinen Staat zu verteidigen. So riefen sie noch mehr Ritter aus Europa zur Hilfe.

Es gab mehrere Kreuzzüge. Barbarossa und seine Ritter zogen beim dritten Kreuzzug 1189 mit. Auch der englische König Richard Löwenherz hat daran teilgenommen.

„Oh, den Richard Löwenherz kenne ich aus dem Film Robin Hood!", sagte Paul.

„Jetzt unterbrich den Geist doch nicht wieder mit so komplizierten Dingen, die er nicht kennt!"

„Ich könnte euch auch noch von viel mehr Sachen erzählen, die ihr nicht kennt!", warf der Geist ein. „Wollt ihr nun hören, wie die Geschichte endet?

Also, Barbarossa wählte einen anderen Reiseweg nach Jerusalem als Richard Löwenherz. Er wollte nicht mit dem Schiff, sondern über Konstantinopel auf dem Landweg ins heilige Land gelangen. Als er in Kleinasien mit seinem Pferd einen gefährlichen Fluss überquerte, ist er in den Fluten ertrunken "

Der Zeitgeist 1100 hielt kurz inne, um die Wirkung seiner Worte abzuwarten. „Jetzt gebe ich euch schnell das Rätsel auf, damit ihr eurem Schatz wieder etwas näher kommt. Ich hoffe, dass ihr ihn auch ohne meine Hilfe finden werdet! Nun, mache ich, der berühmte Zeitgeist 1100, einen Abgang, um den mich mancher Gaukler beneiden würde!", und tatsächlich war der dreifache Rittberger rückwärts in die Flasche wirklich preisverdächtig. Mit dem Zeitgeist verschwanden auch die tollen Kostüme, samt Schwert.

Aus dem Flaschenhals – wie war es anders zu erwarten – schoss das gerollte Pergament heraus, flog aufgeregt durch den Raum, machte einige Saltos und Paul hatte Mühe, die Rolle einzufangen. „Als Schatzsucher braucht man offensichtlich nicht nur einen Korkenzieher, sondern ich hätte auch ein Schmetterlingsnetz in meinen Rucksack packen sollen!", stellte Paul fest und erhaschte das Blatt gerade noch an einem Zipfel. „Oh, hier müssen wir nur einen Buchstaben erraten!"

1. Buchstabe:

	wahr	falsch
1. Barbarossa heißt Blaubart.		
2. Barbarossa war ein römischer Kaiser.	A/5	B/4
3. Ein Ritter hatte die Aufgabe, äußerst unhöflich zu sein.	C/3	B/3
4. Barbarossa ließ Karl heilig sprechen.	D/2	D/3
5. Man erzählte sich, dass in Kaiser Karls Leben Wunder geschehen seien.	E/3	G/4
6. Der Karlsschrein stand früher unter dem Barbarossaleuchter.	F/4	F/3
7. Die Kette, an der der Leuchter hängt, ist überall gleich dick.	B/5	B/2
8. Der Leuchter stellt einen goldenen Ring dar.	F/8	F/5
9. Nach der Heiligsprechung wurden die Knochen Karls in den Proserpina-Sarkophag gelegt.	E/8	B/6
10. Auf dem Karlsschrein thront Karl der Große auf der schmalen Vorderseite.	G/6	F/6
11. In dem Karlsschrein sind bis heute die Knochen Karls des Großen aufbewahrt.	E/7	E/9
12. Barbarossa ist an Lungenentzündung gestorben.	D/7 C/2	D/5 C/7

Zeitgeist 1300

„Entschuldigt, aber würdet ihr mich bitte schlafen lassen! Ich bin ja sooo müüüde." Der Zeitgeist 1300 wollte gähnend wieder in seine Flasche zurückklettern. „Es war mir eine Ehre. Vielleicht ...". Schon wieder gähnte er so, als ob er beide Kinder verschlucken wollte, „vielleicht ein andermal. Gute Nacht!", dabei schlüpfte er schon halb in die Flasche. Aber Anna packte ihn schnell am Gewand und hielt ihn fest.

„Du kannst jetzt nicht wieder einschlafen! Du musst uns von deiner Zeit erzählen und uns ein Rätsel aufgeben, damit wir den Schatz finden!"

„Ein Rätsel? So etwa wie: Was macht man, wenn man so müde ist wie ich?"

Der Geist beantwortete seine Frage selbst: „Man zieht sich in die warme Flasche zurück und legt sich schlafen."

„He, hier hat Faulheit nichts zu suchen!" Paul wurde langsam ungeduldig.

„Gut, wenn hier Faulheit nichts zu suchen hat, dann steige ich schnell wieder in meine Flasche. Ihr könnt ja einen anderen Zeitgeistkollegen fragen."

Doch Anna hatte eine Idee. In der Ecke standen zwei Eimer mit Weihwasser. Sollte sie etwa ...? Zum Wecken müder Geister war es ja eigentlich nicht gedacht ... oder? Gerade als der Geist wieder in die Flasche steigen wollte, schüttete sie einen der Eimer über ihm aus. „Guten Morgen! Aufstehen!" Anna und Paul lachten lauthals über den tropfnassen Geist.

„Brrrrrrr! Hilfe! Ist das kalt! Aufhören!", schrie er.

„So aufgeweckt gefällst du uns schon viel besser", schmunzelte Anna.

„Ihr habt gewonnen. Ihr seid mir vielleicht pfiffige Kinder, denn bis jetzt konnte mich noch niemand von meinem Schlaf abhalten. Lasst mich nur richtig wach werden ... So, jetzt kann es losgehen." Der Zeitgeist schüttelte und räkelte sich, dann begann er zu erzählen:

„Alles, was ihr bis jetzt gehört habt, war sicher zum Gähnen langweilig gegen die aufregenden und bewegten Zeiten, die ich erlebt habe! Zu meiner Zeit war vielleicht was los! Was meint ihr, warum ich seitdem nur noch schlafen möchte? Ich werde zum Beispiel nie vergessen, wie es war, als der Marienschrein aufgebrochen wurde."

„Welcher Marienschrein?", unterbrach Paul den Geist.

„Ach, ihr habt den Geist 1200 nicht kennen gelernt? Er hätte euch davon erzählt. Macht nichts. Ich war zwar nicht dabei, als der Schrein entstand, aber ich habe ihn später oft genug bewundern können. Den Marienschrein hat man als wertvolle Truhe für die vier Aachener Heiligtümer geschaffen. Diese sogenannten Heiligtümer sind sehr wertvolle Erinnerungsstücke an Heilige."

„Sag doch gleich ‚Requilien'!", meinte Anna mächtig stolz und hätte den Zeitgeist verblüffen können, wenn sie sich nicht versprochen hätte.

„So schön sich das Wort bei dir anhört, ich müsste aber ‚Reliquien' sagen, weil das auf Lateinisch ‚Zurückgelassenes' bedeutet."

„Ach, so, Reliquien", wiederholte Anna, um beim nächsten Mal wirklich angeben zu können.

„Nun verrat uns doch endlich, welche Sachen in dem Schrein sind?", unterbrach Paul ungeduldig die Diskussion der Gelehrten.

„Dazu gehören das Kleid, das Maria zu Weihnachten getragen hat, die Windel vom Christuskind und das Lendentuch von Christus. Das ist das Tuch, das um seine Hüften gewickelt war bei seiner Kreuzigung. Und zuletzt das Enthauptungstuch von Johannes dem Täufer. Das war das Tuch, mit dem man den Körper von Johannes nach der Enthauptung eingehüllt hatte."

„Anna, hör doch auf zu kichern! Die Windeln sind sicher sauber! Aber wie sind diese Stoffe nach Aachen gekommen? Christus lebte doch in Jerusalem", versuchte Paul ernst zu bleiben.

„Nun, diese vier besonderen Reliquien, so erzählte man zu meiner Zeit, hatte Kaiser Karl aus Jerusalem bekommen. In dem goldenen Schrein sollten sie für immer gut behütet und verschlossen sein. Zu der

Zeit, als der Marienschrein geschaffen wurde, bewahrte man auch andere Reliquien in verschlossenen Kästen oder Hüllen auf. Man fand sie so wertvoll, dass man aus lauter Ehrfurcht und Scham diese Knochen, Kleider oder ähnliche Überreste von Heiligen nicht berühren wollte. Man dachte sich, dass die Truhe die Kraft der darin liegenden Reliquien übertragen kann, und so reichte es, diese Hülle zu berühren oder vor ihr zu beten, um die Kraft zu spüren und Hilfe zu bekommen. So sollte auch der Marienschrein für immer verschlossen bleiben. Auf dem Dach des Schreins erinnern Bilder aus dem Leben von Jesus an die vier Reliquien. Kommt! Wir schauen uns den Schrein an."

Dafür, dass der Zeitgeist 1300 zunächst nur schlafen wollte, war er nun quicklebendig. Er freute sich sehr, als er die Chorhalle sah:

„Ach wie herrlich! Sie steht ja! Aber über den spannenden Bau dieser Halle erzähle ich euch erst nachher." Der Geist stellte sich direkt vor den Marienschrein.

„Endlich lernen wir einen Zeitgeist kennen, der die Chorhalle schon gesehen hat!", flüsterte Paul Anna leise zu.

Wieder mussten sie auf Stühle steigen, um den Schrein richtig sehen zu können.

„Der ist ja noch prächtiger als der Karlsschrein!", rief Anna aus.

„Der Marienschrein ist wie eine Kirche und nicht wie ein Haus gebaut. Wenn man sich die Form des Schreines von oben anguckt, dann sieht man ein Kreuz. Auf einer Längsseite thront Kaiser Karl, der die Kirche beschützen soll."

„Das war wohl klar, dass es im Dom nichts gibt, wo Karl nicht dabei ist", schmunzelte Paul.

„Auf den beiden Kopfseiten thronen Christus und der Papst. Wenn ihr mit mir auf die andere lange Seite kommt, zeige ich euch meine Lieblingsfigur. Ist sie nicht wunderschön, diese Maria? Das war ein ganz außergewöhnlicher Meister, der diese Figur geschaffen hat. Schade, dass ich damals nicht der zuständige Zeitgeist war. Viele verschiedene Goldschmiede haben an diesem Schrein gearbeitet. Ich verrate euch ein Geheimnis: Die Figur Karls auf der anderen Seite gefällt mir weniger. Es sieht so aus, als hätte sie jemand in die Nische gedrückt. Psst! Das bleibt aber unter uns!"

„Ich finde Maria auch am schönsten!", verriet Anna. „Sie lehnt sich richtig aus der Nische heraus."

„Die anderen Figuren, die am Schrein sitzen, sind die zwölf Apostel. Auf der Seite mit Maria haben sie unterschiedliche Gesichter und bewegen sich aus den Nischen heraus. Die Apostel auf der

anderen Seite sitzen unbeweglich und haben strenge Gesichter wie Masken ..."

„... und schauen brav nach vorne", fiel Paul dem Geist ins Wort.

„Schaut euch die schönen Reliefs an. Wisst ihr, was Reliefs sind?"

„Ja, wir kennen schon die Reliefs vom Goldaltar. Das sind die Platten, aus denen die Figuren herausgearbeitet sind."

„Was habe ich es nur mit so wachen Geistern zu tun!", staunte der Zeitgeist über Annas Wissen. „Nur diese Reliefs sind aus Silber und nicht aus purem Gold. Schaut mal Maria an, sie ist dargestellt mit dem Engel, der zu ihr kommt, um ihr zu sagen, dass sie ein Kind bekommen wird. Das ist ein Hinweis auf das Kleid Marias, das sich im Schrein befindet. Die Geburt von Jesus soll an die Windeln im Schrein erinnern. Und hier ist die Taufe von Jesus durch Johannes abgebildet."

„Dann weist diese Geschichte auf dieses Enthauptungstuch hin. Mensch, hört sich das gruselig an", setzte Paul ergänzend hinzu.

„Die Kreuzigung ist hier!", auch Anna freute sich über ihre Entdeckung. „Das erinnert an das Tuch von Christus. Ich habe den Namen vergessen."

„Das Lendentuch", half ihr der Geist.

„Sind das wirklich die Überreste?", wollte Paul wissen.

„Wie meinst du das?", fragte der Geist etwas irritiert.

„Ob man sie schon untersucht hat, ob es sein kann, dass sie wirklich aus der Zeit von Jesus sind?"

„Es tut mir leid, Paul, aber diese Frage verstehe ich nicht. So etwas hat zu meiner Zeit niemand gefragt. Man glaubte eben fest daran. Wie soll ich dir das erklären? Die Menschen glaubten so sehr daran, dass sie selbst unter großen Gefahren manchmal monatelang zu Fuß unterwegs waren, um in die Nähe solcher Erinnerungsstücke zu kommen, aus ihnen Kraft zu schöpfen oder eine große Bitte vorzubringen."

„Weißt du, heute glauben nicht mehr sehr viele Leute an solche Reliquien", erklärte Anna dem Geist 1300.

„Aber Hoffnungen haben die Menschen doch noch, oder nicht, Anna?"

„Natürlich haben die Menschen bei uns Hoffnungen", erwiderte Anna.

„Siehst du, das war damals genauso. Da nur wenige Menschen lesen konnten, konzentrierten sie sich viel mehr auf Bilder. Diese Bilder gaben ihnen Hoffnung. Es war die Hoffnung, dass Christus oder Maria ihnen

helfen würden, weil sich die Menschen ihnen durch das Tuch oder das Kleid sehr nahe fühlten. Diese Stücke, abgebildet auf dem Schrein, erinnerten sie daran, dass Christus und Maria hier auf der Erde unter den Menschen gewesen waren. Ich glaube, ihr Menschen habt gerne etwas zum Anschauen und Anfassen, statt nur Gedanken und Ideen.

Doch bald reichte es den Menschen nicht mehr, nur zu ahnen, was der Schrein enthielt. Sie wollten die Reliquien endlich sehen, vielleicht sogar anfassen dürfen. So beschloss man, den Marienschrein zu öffnen, um die Reliquien öffentlich zu zeigen. Man nahm die Platte mit der schönen Marienfigur heraus und schnitt hinter ihr ein Türchen in den Schrein. Als man damals die Säge ansetzte, hörte ich viele Menschen in der Kirche leise weinen. Sie bedauerten, dass der Schau wegen, wie sie sagten, jetzt die Reliquien immer wieder entnommen wurden.

Die Präsentation der Reliquien zog Tausende, bald Zehntausende nach Aachen. Alle wollten die Heiligtümer sehen und anfassen. Es war richtig was los hier. Die Gäste, man nannte sie Pilger, kamen von weither nach Aachen. Man nannte diese Reise Heiligtumsfahrt. Besonders viele reisten aus Ungarn an. So ließ der ungarische König für seine Landsleute eine kleine Kapelle an Karls Kirche anbauen."

„Ich war schon mal in Budapest. Das ist vielleicht eine tolle Stadt!", schwärmte Anna.

„Was freuten sich die Gasthofbesitzer über so viele durstige und hungrige Pilger!"

„Das heißt, die Heiligtumsfahrt gibt es schon seit deiner Zeit? Das sind ja schon 700 Jahre! Beim letzten Mal in 2000 war ich auch dabei und habe die vier Heiligtümer gesehen", erzählte Paul.

„Oh, wie herrlich! Aber neben Aachen gab es plötzlich auch viele andere Kirchen, die ihre Reliquien öffentlich zeigten. So kam es, dass wertvolle Truhen und Hüllen geschaffen wurden, die bereits zum Öffnen gemacht waren, so dass man schnell und jederzeit die Reliquien herausnehmen konnte. Für andere Hüllen nahm man geschliffene Bergkristalle. Sie waren durchsichtig, so dass man die Reliquien immer sehen konnte.

Zur gleichen Zeit begann man auch, die Kirchen anders zu bauen. Wie bei den durchsichtigen Reliquienhüllen baute man viele bunte Fenster ein. Auch an das Oktogon sollte bald eine gläserne Halle angebaut werden", erzählte der Zeitgeist. „Aber jetzt habe ich ganz verschlafen, euch vom wichtigsten Mann aus meiner Zeit zu erzählen!"

„Aha, sicher kommt wieder ein wichtiger Nachfolger von Kaiser Karl", sagte Paul mit einer gespielten Feierlichkeit in der Stimme.

„Das stimmt. Woher wusstest du das?", wunderte sich der Zeitgeist.

Anna und Paul mussten lachen „Seitdem wir Karl kennen gelernt haben, wollen alle, die nach Aachen kommen, sein Nachfolger werden."

„Dieser Herrscher", fuhr der Geist fort, „hieß eigentlich Wenzel und kam aus Prag. Aber er ließ sich auf den Namen Karl umtaufen. Er hieß von da an Karl der Vierte."

„Sicher wollte er damit zeigen, dass er so mächtig ist wie Kaiser Karl."

„Da hast du Recht, Anna. Er musste sich auch ganz schön lange gedulden, bis sein Traum endlich wahr wurde und er in Aachen zum König gekrönt werden konnte. Man hatte nämlich erst einen anderen zum König gewählt, das war Ludwig der Bayer. Karl der Vierte ließ sich zwar währenddessen in Bonn krönen, aber wie ihr sicher wisst, war nur derjenige rechtmäßiger König, der in Aachen auf dem Thron Kaiser Karls die Krone bekam.

Als Ludwig starb, war der Weg frei für Karl den Vierten. Aus seiner Krönung wollte er ein großes Ereignis machen. Deswegen wählte er einen Zeitpunkt, zu dem gerade Heiligtumsfahrt in Aachen war. Er kam an diesem Tag wie ein Pilger in die Stadt. Als er mit seinem Gefolge durch die Straßen zog, war das Gedränge so dicht, dass er kaum hindurch kam. Am 25. Juli 1349 schließlich wurde er auf dem Thron Karls zum König gekrönt.

Karl der Vierte war so glücklich, endlich am richtigen Ort zu sein, dass er den Aachenern und vor allem dem Dom sehr großzügige Geschenke machte: Er ließ eine besondere Reliquienhülle für die Schädeldecke des heiligen Karl anfertigen. Dann nahm er seine eigene mit Edelsteinen besetzte Krone vom Kopf und setzte sie darauf."

„Das ist wahrscheinlich dieser Kopf von Karl in der Schatzkammer!", mutmaßte Anna.

„Ja, man nennt das eine Büste, die Karlsbüste, weil Karl nur bis zur Brust abgebildet ist. Kann ich sie mir angucken? Wo ist sie denn?"

„In der Schatzkammer. Wir zeigen dir den Weg!", Anna freute sich schon auf den Flug mit dem Geist.

Als sie vor der Büste standen, fragte der Zeitgeist 1300 enttäuscht: „Warum ist sie denn hinter einem so großen Bergkristall eingesperrt?"

„Das ist doch kein Bergkristall! Das ist eine Vitrine aus Glas. Das muss man machen, damit die Büste geschützt ist", erklärte Paul dem Geist, der so etwas noch nie gesehen hatte. Plötzlich, noch ehe Anna und Paul ihn zurückhalten konnten, hatte der Geist die Vitrine einfach weggezaubert. Er nahm die Büste und stellte sie vorsichtig auf den Boden.

„So, jetzt sehen wir sie besser!"

Die Kinder staunten gewaltig. Und nun nahm der Geist auch noch die Krone von der Büste!

„Seht, mit dieser Krone wurde Karl der Vierte in Aachen gekrönt. Natürlich trug er darunter eine Mitra."

„Eine was?", wollte Paul wissen.

„Die Mitra ist eine rote Samtmütze, die verhindert, dass die Krone bis aufs Kinn runterrutscht. Schau mal Paul, nun kröne ich dich zum König Paul!", und der Geist setzte Paul die Krone auf. Er musste sie aber ein wenig festhalten, damit sie ihm nicht bis auf die Schulter rutschte.

„Bei mir auch!" Anna hielt ungeduldig ihren Kopf hin.

„Ich kröne dich zur Königin!" Und Anna strahlte königlich. Dann legte der Geist den wertvollen Kopfschmuck sorgfältig wieder auf den Boden.

„Woher wusste man, dass Kaiser Karl genau so ausgesehen hat?", fragte Paul.

„Man wusste überhaupt nicht, wie er ausgesehen hat", antwortete der Geist.

„Es gab doch keine Fotoapparate zu Karls Zeiten." Anna machte sich ein bisschen lustig über Paul.

„Man hätte ihn aber malen können", verteidigte sich Paul und ließ dem Geist keine Zeit, sich über das fremde Wort zu wundern.

„Es gab keine Überlieferung darüber, wie Karl aussah. Deswegen beauftragte Karl der Vierte den Künstler, er solle Kaiser Karl so zeigen, wie er sich den bestaussehenden Mann vorstellte. Und das ist daraus geworden."

„Na ja, für mich sieht der bestaussehende Mann anders aus!" Anna verzog ihren Mund.

„Das ist eben Geschmacksache. Jede Zeit hat andere Ideale. Ich weiß noch, wie man sich zu meiner Zeit über manche Menschendarstellungen amüsierte, die hundert Jahre früher entstanden waren. Die Frisur war dagegen keine Frage des Geschmacks, sondern der Mode. Diese Locken, die ihr hier seht, nannte man Königslocken. Nur Könige durften die Haare so tragen."

„Heute darf jeder die Haare tragen, wie er will."

„Das stimmt nicht, Anna! Ein Staatspräsident dürfte keine Punkerfrisur haben", entgegnete Paul.

„Lustig wäre es aber schon", kicherte Anna.

„Welches Erinnerungsstück ist denn nun eigentlich in der Büste drin?"

„Ich habe euch zwar erzählt, dass man die Hüllen für Reliquien zu meiner Zeit mit kleinen Öffnungen versehen hat, durch die man hindurch sehen konnte, aber dies ist eine Ausnahme. Ihr könnt es nicht sehen, aber man kann aus der äußeren Form schließen, was darin ist. Wenn ihr einen Kopf seht, kämt ihr nicht auf die Idee, dass ein Zeh von Karl da drin ist."

Darauf öffnete der Geist den Kopf der Büste, es gab extra einen Knopf dafür. Anna und Paul konnten ein Stück Knochen erkennen.

„Der Knochen ist ganz schön groß", wunderte sich Anna.

„Das ist die Schädeldecke Kaiser Karls."

„Wenn wir das den anderen erzählen, dass wir die Schädeldecke tatsächlich gesehen haben ...!" Paul stellte sich schon sehr lebendig vor, wie er das Abenteuer schildern würde.

„Hat Karl der Vierte die Schädeldecke aus dem Karlsschrein genommen?"

„Natürlich Paul. Er nahm auch noch einen anderen Knochen heraus. Ich zeige ihn euch gleich. Aber zuerst stelle ich die Büste an ihren Platz zurück."

Und schon schaute Kaiser Karl sie wieder durch das Glas der Vitrine an.

Der Geist deutete auf ein anderes verschwenderisch leuchtendes Kunstwerk. „Schaut, auch das ist eine Hülle für Reliquien!"

„Sie sieht wie eine Kirche aus", bemerkte Anna.

„Das sollte auch eine Kirche darstellen, oder besser: wie jede Kirche sollte das auch ein Himmelreich sein", erklärte der Geist.

„Das wissen wir schon. Der Dom sollte so aussehen wie ein Himmelreich", erinnerte sich Anna.

„Als Karl der Vierte dieses Geschenk anfertigen ließ, wollte er allen zeigen, dass sein Vorgänger Karl ein ganz besonderer Heiliger war."

„Das wollte Barbarossa auch schon. Deswegen hat er ja den Karlsschrein und den Leuchter anfertigen lassen", erwähnte Paul beiläufig.

„Vier Engel tragen das schwebende Himmelreich. In dem unteren durchsichtigen Kasten findet ihr wieder einen Knochen Kaiser Karls.

Dazu kann ich euch eine lustige Geschichte erzählen. Der Meister, der den Auftrag für den Schrein von Karl dem Vierten erhalten hatte, war ein ganz schön eingebildeter Mann. Als er in seiner Werkstatt mit dieser wichtigen Arbeit begann, schickte er seinen Gehilfen zum Kaiser, um den Armknochen Karls holen zu lassen. Der Geselle war ein schlaues und lustiges Kerlchen und erkannte sofort, dass es sich nicht um einen Armknochen handelte. Aber er spielte mit diesem Irrtum seinem Meister einen Streich. Er verbeugte sich vor ihm und reichte ihm ehrerbietig den Knochen. Der Meister nahm den Knochen, der in Wahrheit ein Schienbeinknochen war, und erklärte erst einmal allen umherstehenden Gesellen, wie ein Armknochen aussieht. Jeder sollte sehen, wie gut er sich damit auskannte. Den Gesellen fiel es schwer, nicht in hämisches Gelächter auszubrechen. So kam das Schienbein Karls des Großen in diese Hülle. Ach, ihr seht, wir hatten schon viel zu lachen. Nun ja. Wo war ich stehen geblieben?"

„Beim Schienbein", lachte Paul.

„Nein, ich habe gerade erzählt, wie Karl der Vierte verdeutlichen wollte, dass sein Vorgänger Karl im Himmelreich ist. Erstens erinnert sein Knochen daran, dass er mal ein Mensch hier auf der Erde war. Und ihr seht ihn in diesem Bogen direkt neben Maria stehen. Das ist natürlich eine ganz schön freche Vorstellung, dass der Heilige Karl seinen Platz im Himmel neben Maria hat.

Aber lasst uns schnell wieder in den Dom fliegen, da zeige ich euch, dass Karl auch in der Chorhalle neben Maria stehen darf."

Schnell hielten sie sich am Zeitgeist fest, der diesmal direkt mit ihnen durch das Fenster in die Chorhalle hineinflog. Es konnte einem schon so manches passieren, wenn man mit Zeitgeistern unterwegs war!

„Habe ich euch überhaupt schon erzählt, warum man damals angefangen hat, diese Chorhalle zu bauen?"

„Nein, das hast du nicht", da war sich Anna ganz sicher.

„Eigentlich gab es einen sehr einfachen Grund: Es wurde zu eng im Dom. Ich sagte ja bereits, dass während der Aachener Heiligtumsfahrt Zehntausende nach Aachen kamen. Und dann die Krönungsfeier! Einmal wurde es so eng, dass ein Mensch tatsächlich zu Tode getrampelt wurde. Es half nichts, man musste anbauen."

„Aber die Chorhalle sieht ganz anders aus, als das Oktogon. Warum?", fragte Anna.

„Ich bitte dich, die Aachener konnten sich doch nicht vor den anderen Städten blamieren. Man wollte auch hier das Neueste haben. In Frankreich baute man schon lange nicht mehr mit so dicken Mauermassen. Man hatte innen kaum Licht. Dann wollten die Menschen Kirchen bauen, die fast den Himmel berührten. Kluge Baumeister entwickelten Ideen, wie hohe Räume und große Fensterflächen möglich wurden, ohne dass der Bau zusammenstürzte. Man stellte sich das Himmelreich nicht mehr mit schweren dicken Mauern vor. Es sollte vielmehr das Gefühl entstehen, als würde man im lichten Raum dem Himmel entgegenschweben." Der Geist schien sich beim Erzählen der Begeisterung so sehr hinzugeben, dass Anna und Paul ihn schnell festhalten mussten, damit er nicht davonschwebte, denn die Gewölbe in der Chorhalle waren zu hoch, um ihn von dort wieder herunter zu holen.

„Genau so einen Raum wollte man in Aachen an den Dom anbauen. Es sollten die höchsten Fenster sein, die je gebaut wurden. Und welch ein Wunder! Sie haben es geschafft!"

„Stimmt das? Sind diese Fenster die höchsten, die man je gebaut hat?", fragte Paul staunend.

„Zu meiner Zeit waren das die höchsten Fenster, darauf gebe ich euch mein echtes Zeitgeistehrenwort. In den Fenstern leuchteten bunte Heiligenfiguren. Die Halle sollte den Eindruck erwecken, als würde sie schweben. Deshalb halten fliegende und musizierende Engel die zwölf Apostel, die an den Pfeilern stehen. Hier vorne seht ihr, wie ich euch in der Schatzkammer versprochen habe, Maria und Kaiser Karl nebeneinander. Maria trägt eine Krone, denn man nannte sie die Himmelskönigin. Auf dem Arm hält sie ihren kleinen Sohn Jesus."

„Wenn ich solche Steinfiguren sehe, dann habe ich das Gefühl, als ob sie echt und nur verzaubert wären und nur darauf warteten, sich endlich wieder bewegen zu dürfen."

„Jetzt, da du es sagst, Anna, habe ich auch das Gefühl. Vielleicht reicht meine Zauberkraft dazu, dass sie sich kurz räkeln können."

„Was hast du vor?" Und ehe Anna die Frage vollständig ausgesprochen hatte, passierte das Unglaubliche: Alle Figuren bewegten sich! Stimmengewirr und selbst das Musizieren der Engel war zu hören. Es war ein unglaubliches Spektakel. Die Figuren streckten mit Freuden ihre steif gewordenen Beine und Arme aus, sie räkelten sich fröhlich und manche von ihnen hüpften von einem Bein auf das andere. Doch nach einigen Sekunden war das Schauspiel vorbei. Es herrschte wieder gespenstige Stille und die Figuren standen wie vorher regungslos da, als wäre nichts passiert.

„Hab ich doch gut gemacht, oder?", freute sich der Zeitgeist. „Kommt mit! Ich zeige euch noch etwas!" Er packte die noch immer staunenden Kinder und flog mit ihnen auf das Dach der Chorhalle.

„Von hier aus kann ich euch am besten zeigen, was man zu meiner Zeit alles neu angebaut hat. Die Chorhalle habt ihr nun kennen gelernt. Es sind aber auch noch Kapellen entstanden. Man wollte sie als Kranz rund um den Dom anordnen. Der Kranz ist aber nicht ganz fertig geworden. An manchen Stellen kann man nämlich noch die alte Mauer von Karls Dom sehen. Ach, jetzt sehe ich auch den neuen Turm mit dem hohen Dach."

„Ich war schon einmal ganz oben", erzählte Anna stolz.

„Aber sicher nicht an der Spitze. Da könnt ihr nur mit mir hinfliegen! Los, haltet euch fest!" Der vorher so müde Flaschengeist war kaum zu bremsen. Anna und Paul klammerten sich an seinen Umhang, denn es war sehr windig da oben.

„Ist das nicht toll, so weit über der Erde?"

„Wenn es nach mir ginge, könnten wir gerne wieder runter!", sagte Anna kleinlaut und freute sich, als der Geist sie auf einer kleinen Brücke zwischen dem Turm und der Kuppel des Oktogons absetzte.

„Diese kleine Brücke hat man deswegen gebaut, damit man den vielen Pilgern die vier Heiligtümer besser zeigen konnte. Denn alle Menschen wollten sie gleichzeitig sehen."

„Wie oft hat man sie denn gezeigt?", fragte Paul.

„Vom Zeitpunkt der Krönung Karls des Vierten an nur noch alle sieben Jahre. Aber dann war der Andrang um so größer."

„Aber heute zeigt man die Heiligtümer nicht mehr von der Brücke", erklärte Anna dem Geist. Doch der war gerade abgelenkt.

„Wie sieht denn die Ungarnkapelle aus? Sie war doch damals genau so gebaut worden wie die anderen Kapellen. Schade, dass man sie so verändert hat. Von hier aus sieht sie ja aus wie eine Portion Eischnee! Dort sehe ich die Annakapelle und daneben die Matthiaskapelle. Kommt auf die andere Seite! Da unten befindet sich die Allerheiligenkapelle und daran anschließend die Karls- und Hubertuskapelle. Ich habe sie nur während des Baus sehen können. Ach, ist das herrlich hier oben! Früher sah das alles ganz anders aus um den Dom herum. Was stehen denn da für komische bunte Kisten im Hof?"

„Das sind Autos!" Anna und Paul hatten die Frage schon erwartet.

„Was sind Autos?", fragte der Zeitgeist interessiert.

„Damit fahren wir wie ihr mit euren Kutschen, nur viel schneller. Stell dir vor, diese Kisten fahren ohne Pferde, aber so schnell, als wären 70 Pferde davor gespannt. Man kann zum Beispiel mit dem Auto zum Meer fahren und ist in einem Tag dort", antwortete Paul.

„Dagegen sind meine Zaubereien ja gar nichts! Zu meiner Zeit gab es auch kuriose Sachen, die man aus fremden Ländern mitbrachte, aber so etwas Unglaubliches habe ich nie gesehen. Obwohl die Könige und Fürsten damals alles dafür einsetzten, um mit einer Besonderheit vor den anderen anzugeben. Jeder musste immer modischer und luxuriöser aussehen als der andere."

„Bald beschenkten sich die Könige und deren Hofstaat allein deswegen, um den anderen zu zeigen, was für prächtige Schmuckstücke sie sich leisten konnten. Für die Künstler war dieses gegenseitige Überbieten natürlich sehr günstig. Wenn zum Beispiel der König von Frankreich Karl dem Vierten ein Geschenk nach Prag schickte, dann konnte man

in Prag sehen, wie die Kollegen in Frankreich arbeiteten und gute Ideen sammeln. So kannten bald alle Künstler in Europa die Kunstwerke anderer Länder. Hinzu kam, dass zu meiner Zeit alle Könige in Europa in irgendeiner Weise miteinander verwandt waren. Aus politischen Gründen musste die Tochter eines Königs den Sohn eines anderen heiraten und so weiter. So bildeten die Könige und Fürsten von Europa eine große Familie. Aber wie das in jeder guten Familie vorkommt, flogen auch in den Königshäusern nicht selten die Fetzen."

„Heißt das, sie haben auch mal gegeneinander Kriege geführt?", fragte Anna.

„Das kam durchaus vor, Anna. So, jetzt wird es hier aber langsam zu kalt. Lasst uns wieder in unseren Treppenturm zu meiner Flasche zurückkehren, denn ...", der Geist musste seit langem wieder einmal gähnen, „... ich glaube, es wird Zeit für mich, schlafen zu gehen."

„Du darfst aber nicht einschlafen, bevor du uns das Rätsel aufgegeben hast!", erinnerte Anna den Geist.

Im kleinen Raum angekommen verabschiedete sich der Zeitgeist 1300:

„Ich glaube, außer euch hätte es keiner geschafft, mich so lange so quicklebendig und wach zu halten! Es war mir wirklich ein Vergnügen! Ich glaube, ich werde von dieser komischen Erfindung träumen, die Auto heißt. Gute Nacht!" Und einen Moment später hörte man das laute Schnarchen aus der Flasche.

„He, wo bleibt die Post!?", linste Anna in die Flasche.

„Der Herr schläft wohl schon tief und fest", ärgerte sich Paul.

Anna schüttelte die Flasche vorsichtig und langsam schob sich das Rätsel-Pergament aus dem Flaschenhals, begleitet von einer kleinen Daunenfeder.

Anna drückte vorsichtig den Korken hinein und Paul las schon die erste Rätselfrage.

1. Buchstabe:

1. Im Marienschrein liegen die vier Aachener Heiligtümer. **B/3 B/7**

2. Reliquien sind Überreste von Heiligen. **F/6 F/5**

3. Karl der Vierte hieß früher Gottfried. **F/4 E/5**

4. Karl der Vierte trug die Krone zu seiner Krönung in Aachen, die heute auf der Karlsbüste zu sehen ist. **E/3 G/2**

5. In der Karlsbüste liegt heute der Armknochen Karls des Großen. **F/2 F/3**

6. Die Figur Karls des Großen steht in der Chorhalle neben Maria. **D/3 D/2**

7. Die Chorhalle hat die höchsten Fenster, die man bis dahin gebaut hat. **C/3 A/3** **D/4 B/6**

8. Karl der Vierte kam aus Prag.

9. Karl der Vierte fuhr sehr gerne schicke Autos. **D/5 B/4**

10. Die Aachener Heiligtumsfahrt findet alle sieben Jahre statt. **B/5 B/7**

11. Man wollte zur Zeit von Karl dem Vierten einen Kapellenkranz um den Dom bauen. **C/5 C/4**

Nachdem sie das Rätsel gelöst hatten, musste Anna plötzlich gähnen.

„Anna hör auf! Du steckst mich noch an!" Und schon sperrte auch Paul den Mund weit auf.

„Ich glaube, dass uns der Geist seine Schläfrigkeit angezaubert hat! Am liebsten würde ich jetzt schlafen."

„Komm, Anna, reiß dich zusammen! Wir sind so nah dran! Wir wollen doch den Schatz finden!"

Sechs Buchstaben standen nun auf dem Zettel. Aber sie konnten sie drehen und wenden wie sie wollten, sie ergaben einfach keinen Sinn. Bald war es ihnen unmöglich, die Augen offen zu halten.

„Ich glaube wirklich, dass wir verzaubert sind!"

„Wir legen uns einfach ein bisschen hin. Wenn wir ausgeschlafen sind, kommen wir vielleicht schneller hinter die Bedeutung der Buchstaben." Als Anna den Satz beendet hatte, schlief Paul schon tief und fest. Sein Kopf lag auf dem Rucksack und die Kreide, mit der er gerade noch eifrig geschrieben hatte, war ihm aus der Hand gefallen.

Der Streit der Geister

Während die beiden Kinder friedlich schliefen, fing die Flasche mit der Aufschrift 1500 kräftig an zu schaukeln. Offensichtlich wollte der Zeitgeist darin auf sich aufmerksam machen und jemandem etwas mitteilen. Er konnte nur nicht ohne Hilfe aus der Flasche heraus. Er wackelte so lange, bis er gegen die benachbarte Flasche des Zeitgeistes 1300 stieß. Dieser wachte wieder auf und rief: „Wer klopft denn da schon wieder?"

„Wer wohl? Dein beleidigter Nachbar 1500! Du hast mit den anderen Geistern den netten Kindern so viel erzählt, dass sie nun alle Buchstaben des Rätsels haben!", beschwerte sich der Zeitgeist 1500 bitter aus seiner Flasche.

„Na und? Sie haben doch das Wichtigste, was über den Dom zu sagen ist, schon gehört", sagte der Zeitgeist 1300 und drehte sich gemütlich auf die andere Seite, um weiterzuschlafen.

Doch da begann sein Nachbar wieder laut zu schimpfen: „Das ist unerhört! Ich hätte ihnen unbedingt erzählen müssen, dass zu meiner Zeit, wenn du es genau wissen willst, im Jahr 1531 die letzte Krönung in Aachen stattgefunden hat. Sollen sie jetzt etwa denken, dass auch später noch alle Könige in Aachen gekrönt wurden? Sie müssen erfahren, dass die folgenden Herrscher – mit Verlaub – zu faul waren, den weiten Weg nach Aachen auf sich zu nehmen. Dass sie nämlich dachten: ‚Nun, wenn wir schon in Frankfurt zu Königen gewählt wurden, ist es doch für alle Beteiligten praktischer, nach Frankfurt zu kommen. Immerhin liegt die Stadt verkehrsgünstiger. Und zur Not können wir ja alles so nachbauen, wie es in Aachen ist. Dann sind wir immer noch die Nachfolger Karls.' Man muss den Kindern doch erklären, dass es zu dieser Zeit das Original plötzlich nicht mehr so wichtig war. Man konnte es ja kopieren. Sie dachten sich: ‚Einen Thron wird man doch kopieren können!' Und so machte man es auch mit den Büchern. Ihr Geister vor mir habt noch alle von euren brav handgeschriebenen Evangeliaren erzählt. Und ich soll nicht berichten können, dass man zu meiner Zeit bereits Bücher in beliebiger Anzahl drucken konnte?"

„Was schreist du denn so laut, Herr Kollege 1500? Das hört man sogar bis zu mir herüber!" Der Zeitgeist 1000 bewegte sich ungeduldig in seiner Flasche. „Ansonsten brauchst du mit deinem angeblich so großartigen Buchdrucken nicht so anzugeben. Eure Bücher sind doch nicht mehr so wertvoll wie unsere echten Malereien."

„Aber nur ganz wenige Menschen konnten sie zu Gesicht bekommen. Man druckte doch zu meiner Zeit deswegen viel mehr Bücher, weil so viele Menschen lesen wollten und auch konnten!", entgegnete der Zeitgeist 1500.

„Was ist das hier für ein furchtbarer Lärm, Herr Nachbar 1500?", meldete sich der Zeitgeist 1800 zu Wort. „Weißt du nicht, dass ich allein beleidigt sein müsste! Wenn hier jemand etwas wirklich Weltbewegendes zu erzählen gehabt hätte, dann wohl ich! Wer sonst sollte den Kindern über den großen Aufstand des Volkes gegen seinen König erzählen, die berühmte französische Revolution? Wo plötzlich ein König vom Volk verurteilt und geköpft wurde. Von wem sollten die Kinder erfahren, wie brutal und gemein die Menschen, die eigentlich für Gerechtigkeit und Freiheit kämpften, sich gegenseitig umgebracht haben, weil sie sich nicht friedlich einigen konnten? Ich! Ich allein hätte ihnen über den großen Napoleon berichten können, über diesen kleinwüchsigen Mann, der plötzlich aus der Menge der Revolutionäre auftauchte und bald ganz Europa eroberte. Und darüber, dass man in Aachen kurz darauf öfter ‚Bonjour' als ‚Guten Tag' hörte, weil Aix-la-Chapelle zu Frankreich gehörte."

„Jetzt beruhigen sie sich, lieber Herr Kollege 1800!" Auch der Zeitgeist 800 war wieder erwacht. „Ich meine, es ist sehr nett, dass sie sich so für die Geschehnisse ihrer Zeit einsetzen, aber all das scheint doch wenig mit meinem Dom zu tun zu haben!" Der Zeitgeist 800 sprach so, als ob es sein Dom wäre.

„Da muss ich sie wohl enttäuschen, hochgeschätzter Geist 800", mischte sich der Geist 1800 wieder ein. „Napoleon, der so gerne kleine Andenken von seinen Eroberungen mitbrachte, ließ bald nach der Besetzung Aachens deine so mühevoll aus Italien geholten Säulen herausnehmen und brachte sie nach Paris. Ach, fast hätte ich es vergessen, die Wölfin, den Pinienzapfen und den Proserpina-Sarkophag nahm er auch mit. Und stell dir vor, das Dach aus Blei ließ er abdecken, um daraus Kanonen für seine Eroberungskriege zu gießen!"

„Das ist ja unerhört!" Der Zeitgeist 800 war entsetzt, gerade so, als ob er selbst Kaiser Karl wäre.

„Zu meiner Zeit", stieg der Zeitgeist 1100 in die Diskussion ein, „hatte Barbarossa noch so viel Ehrfurcht vor Kaiser Karl, dass er ihn zum Heiligen erhob und den Dom mit Geschenken verschönerte statt ihn auszurauben!"

„Bald wusste auch Napoleon, dass es seiner Herrschaft mehr nützen würde, wenn er den Dom Kaiser Karls beschenkte. Und als er sich in Paris selbst die Kaiserkrone aufsetzte, sah er sich auch als Nachfolger Karls. So kamen bald die Schätze aus Paris wieder zurück nach Aachen, die Stadt wurde von Napoleon erhöht. Die schöne Josephine, die Frau Napoleons, genoss die heißen Quellen und nahm die wertvollen Geschenke aus dem Domschatz gerne entgegen. Ach, sie war eine so bezaubernde Frau!" Der Zeitgeist 1800 geriet ins Schwärmen.

„Mich kannst du mit den Eroberungen Napoleons nicht beeindrucken. Ich wüsste mal gerne: Wie lange dauerte eigentlich seine Herrschaft?"

„Ich schätze zehn Jahre. Dann wurde er besiegt und auf eine einsame Insel verbannt."

„Ach, das ist ja lächerlich! Und für diese kurzen zehn Jahre machst du uns hier verrückt?", mischte sich der Zeitgeist 1000 ein.

„Ha! Ich hätte gerne einen eurer Herrscher zu meiner Zeit regieren gesehen!", prahlte der Geist 1800. „Ich hätte gern gewusst, ob sie es geschafft hätten, in unseren stürmischen Zeiten zehn Jahre an der Macht zu bleiben!"

„Jungs, streitet euch nicht!", meldete sich plötzlich der Zeitgeist 1900. „Ich hätte den Kindern das Wichtigste erzählen können! Wir alle haben so viele Kriege gesehen. Auch zu meiner Zeit haben die Menschen immer noch nicht gelernt, friedlich miteinander umzugehen. Ich hätte ihnen erzählen müssen, welche Grausamkeiten es geben kann, wenn Menschen aus Angst, Dummheit, Neid oder aus Machtgier andere Menschen angreifen. Ich hätte ihnen aber auch Mut machen können, wenn ich über die wunderbaren Menschen gesprochen hätte, die für den Frieden kämpften. Ich hätte ihnen zeigen können, dass es mehr gute Menschen gibt als böse. Nur müssten die guten Menschen lernen, fest zusammenzuhalten und sich laut zu Wort melden, damit die Bösen keine Chance mehr haben."

„Ach, wäre das schön, wenn die Kinder das noch erfahren könnten!", sagte der Geist 1000.

„Werte Kollegen! Wir können doch alle ein bisschen zaubern. Lasst uns zusammen unsere Geschichten in die Erinnerung der Kinder hineinzaubern!" Dieser Vorschlag kam vom Zeitgeist 1500.

„Du meinst, dass sie sich immer an diese Geschichten erinnern werden?"

„Ja, mein lieber Freund 1000, das meine ich", antwortete Geist 1500.

„Sehr gut!", stimmten alle Geister zu. „Wir zählen bis drei, dann konzentriert sich jeder für sich auf den Zauber: eins, zwei, drei!"

Der Schatz

„Oh, hab ich tief geschlafen!", wunderte sich Anna beim Aufstehen und rieb sich die Augen.

„Lass uns weiter probieren, das Rätsel zu knacken!" Paul war sofort hellwach und machte sich wieder eifrig daran, aus den Buchstaben einen Sinn herauszuquetschen.

„Wenn wir sie in der Reihenfolge richtig nebeneinander schreiben, dann heißt es einfach ZACHOR", sagte Anna.

„Aber was bedeutet ZACHOR?"

„Hm, Zachor, Zachor, Zachor ...", murmelte Anna laut vor sich hin. Da tauchte ganz plötzlich der Zeitgeist von heute wieder im Raum auf.

„Ihr habt den Schatz!!! Ich gratuliere euch! Das ist wunderbar! Ihr seid wunderbar! Ihr habt es sogar dreimal hintereinander gesagt! Jetzt ist es soweit."

Anna und Paul hatten bis jetzt schon so viele Überraschungen erlebt, aber die Worte des Zeitgeistes verwirrten sie doch. „Wir verstehen nicht. Wo ist denn der Schatz?"

„Was heißt hier: ,Wo ist der Schatz?' ", fragte der Geist entrüstet. „Den Schatz, den euch das Rätsel schenkt, kann man nicht anfassen. Er ist nicht aus Gold oder Silber. Er ist viel wertvoller! Hättet ihr nur einen

Schatz zum Anfassen gefunden, dann könnte euch doch jeder den Schatz wegnehmen. Oder ihr müsstet ständig Sorge dafür tragen, dass er nicht verloren- oder kaputtgeht oder sogar verbrennt. Nein, ihr habt einen wahren Schatz, ganz für euch! Und je mehr ihr davon anderen weitergebt, desto sicherer werdet ihr ihn besitzen. Versteht ihr jetzt?"

„Noch nicht ganz. Was heißt denn Zachor?", fragte Anna.

„Zachor ist ein Wort aus einer sehr alten Sprache, es ist Hebräisch und heißt: ‚Erinnere dich!' Das alte Testament wurde in dieser Sprache geschrieben.

Schaut noch einmal auf das Regal dort drüben, wo die Flaschen stehen, in denen die Zeitgeister ruhen. Denkt daran, wie viele Geschichten ihr gehört habt! Euer Schatz ist eure Erinnerung und sie gehört euch! Ihr werdet sie nicht mehr vergessen und immer hervorholen können, um sie weiter zu erzählen.

So, ich muss jetzt weiter, schließlich muss ich überall dabei sein, damit auch ich wieder Geschichten sammeln kann." Doch bevor der Zeitgeist endgültig verschwand, drehte er sich noch einmal um:

„Ach, fast hätte ich es vergessen. Ihr beiden, wollt ihr nicht später einmal Architekten werden und einen Dom bauen, einen Dom so wie das Himmelreich? Ein Himmelreich, so wie du, Anna, es dir vorstellst, in dem die Menschen sich weder innerhalb noch außerhalb seiner Mauern streiten. Wäre das nicht schön?"

Auflösung der Rätsel (Nur die wahren Sätze)

Zeitgeist 800

– In Rom wurde Karl 800 vom Papst zum Kaiser gekrönt.
– Der Dom sollte der himmlischen Stadt ähneln.
– Karl sah sich als römischer Kaiser.
– Der Thron Karls soll zwischen Himmel und Erde stehen.
– „Oktogon" heißt Achteck.

– Karl wählte Aachen als Zentrum für sein Reich.
– Karl wurde im römischen Proserpina-Sarkophag bestattet.
– Die Bronzetüren waren früher vergoldet.
– Der Vater von Karl dem Großen hieß Pippin der Kurze.
– Karl sah sich als Vertreter von Christus auf Erden.
– Der Thron ist aus Marmorplatten gebaut, die aus Jerusalem stammen.

Zeitgeist 1000

– Otto der Erste wurde auf dem Thron Karls des Großen zum König gekrönt.
– Die Frau Ottos des Zweiten hieß Theophano.
– Die goldene Kanzel schmücken die Privatschätze von Otto dem Dritten
– Otto der Dritte wurde mit 16 Jahren in Rom zum Kaiser gekrönt.

– Otto der Dritte schenkte den Goldaltar dem Aachener Dom.
– Auf dem Lotharkreuz sehen wir den bereits gestorbenen Christus eingraviert.
– Otto der Dritte ließ sich in einem Buch christusähnlich darstellen.
– Otto der Dritte wollte in der Kirche Karls des Großen begraben werden.
– Die Kinderkrone Ottos des Dritten ist heute in Essen in der Domschatzkammer.
– Heinrich der Zweite hat den Leichenzug Ottos des Dritten überfallen.
– Otto der Dritte ist in Italien gestorben.

Zeitgeist 1100

– Barbarossa war ein römischer Kaiser.
– Barbarossa ließ Karl heilig sprechen.
– Man erzählte sich, dass in Kaiser Karls Leben Wunder geschehen seien.
– Der Karlsschrein stand früher unter dem Barbarossaleuchter.
– Auf dem Karlsschrein thront Karl der Große auf der schmalen Vorderseite.
– In dem Karlsschrein sind bis heute die Knochen Karls des Großen aufbewahrt.

Zeitgeist 1300

– Im Marienschrein liegen die vier Aachener Heiligtümer.
– Reliquien sind Überreste von Heiligen.
– Karl der Vierte trug die Krone zu seiner Krönung in Aachen,
  die heute auf der Karlsbüste zu sehen ist.
– Die Figur Karls des Großen steht in der Chorhalle neben Maria.
– Die Chorhalle hat die höchsten Fenster, die man bis dahin gebaut hat.
– Karl der Vierte kam aus Prag.
– Die Aachener Heiligtumsfahrt findet alle sieben Jahre statt.
– Man wollte zur Zeit von Karl dem Vierten einen Kapellenkranz um den Dom bauen.

Zu den Fotos

Karolingisches Evangeliar (S. 31)
Evangelistenblatt
sogenannte Palastschule Kaiser Karls in
Aachen, um 800
Buch mit 280 Pergamentseiten (30 x 24 cm)
und einer Miniatur
Domschatzkammer, Aachen

Wölfin (S. 39)
römisch, 2. Hälfte des 2. Jahrhunderts
Bronze
Eingangshalle des Domes

Thron (S. 45)
vier Marmorplatten aus der Grabeskirche von
Jerusalem, von Bronzeklammern gehalten
sogenannte Kaiserloge im Westen des Domes

Proserpina-Sarkophag (S. 49)
römisch, frühes 3. Jahrhundert
Carrara-Marmor
220 cm lang, 64 cm breit, 58 cm hoch
Domschatzkammer, Aachen

Ottonisches Evangeliar (S. 62)
Widmungsseite
Kloster Reichenau, Bodensee, um 1000
Buch mit 256 Pergamentseiten
(21 x 30 cm) und 31 ganzseitigen Miniaturen
Domschatzkammer, Aachen

Lotharkreuz
Christusseite (S. 65), Kaiserseite (S. 68),
Detail (S. 66)
um 1000
50 cm hoch, 38,5 cm breit, 2,3 cm tief
Domschatzkammer, Aachen

Pala d'oro, goldene Tafeln am Hauptaltar (S. 70)
nach 1000
17 Reliefs aus dünnem Goldblech
Dom, im östlichen Teil des Umgangs

Heinrichskanzel, auch Ambo genannt (S. 72)
zwischen 1002 und 1014
Chorhalle des Domes

Barbarossaleuchter (S. 83)
nach 1165
Kupfer vergoldet, fast 4,5 m im Durchmesser
Zentrum des Oktogons

Karlsschrein
Stirnseite (S. 85)
1215 vollendet
204 cm lang, 57 cm breit, 94 cm hoch
Chorhalle des Domes

Marienschrein (S. 94, 95)
1238 vollendet
184 cm lang, 54 cm breit, 95 cm hoch
Chorhalle

Karlsbüste (S. 100)
Reliquiar mit der Schädeldecke Karls des Großen
nach 1349
knapp 90 cm hoch
Domschatzkammer, Aachen

Karlsreliquiar (S. 103)
6. Jahrzehnt des 14. Jahrhunderts
125 cm hoch
Domschatzkammer, Aachen

Noch ein Wort, bevor ihr geht ...

Es gibt vieles, das einem ganz alleine gehört. Es gibt vieles, das einem ganz alleine gefällt. Es gibt aber viel mehr, das man mit anderen teilt und es gibt viel mehr, das vielen anderen auch gefällt.

Ich verrate euch, dass ich oft vor dem Lotharkreuz stand und dachte: Dieses herrliche Gefühl, das ich jetzt empfinde, gehört mir ganz allein. Das stimmt aber nicht! Das merkte ich, als ich dieses Gefühl dann anderen beschrieb und weitergab.

Nun wollte ich meine Begeisterung so Vielen wie möglich weitergeben, aber nicht irgendwie. Am besten übernehmen gleich echte Zeitgeister das Erzählen. Aber mit wem sollen die Zeitgeister reden? Da dachte ich, am meisten geeignet wären Kinder, die bekanntlich die spontansten, pfiffigsten und lustigsten Abenteurer sind.

Von da an klingelte es regelmäßig kräftig und lange bei mir an der Tür. Da kamen Yannick Aerts, Hendrick Arnold, Karin Bertram, Kristina Feinhals, Nora Friese-Wendenburg, Hannah-Lynn Hoffmann, Marcel Lahaye, Marie Klein, Johanna Kleinekorte, Simon Krawczyk, Maxi Lammel, Eva Laschet, Nora Miessen, Mathis Niederau, Philipp Schneider, Paul Sieben, Franca Simon, Bernd Souren, Isabel Steinert und Maxi Walz.

Ich ließ die Zeitgeister aus den Flaschen steigen und sie erzählten. Manchmal waren sie schon alt und nostalgisch, manchmal zu Tränen gerührt von ihren eigenen Geschichten, manchmal ganz schön frech und angeberisch, dann auch mal schläfrig und müde, und dann wieder so quicklebendig, dass die Fetzen flogen. Und die Kinder unterhielten sich mit ihnen. Sie fragten und erzählten. Sie lachten und sie schimpften. Sie kritisierten und staunten. Im Buch habe ich für euch alles genau aufgeschrieben. Hinter den Äußerungen der beiden Schatzsucher Anna und Paul stehen natürlich diese Kinder. Auch einige der schönsten Zitate von den Kindern, denen ich in den letzten sechs Jahren den Dom und seine Schätze zeigte, findet ihr wieder.

Diese 20 Kinder wurden zu solchen Experten, dass sie nun selbst andere Kinder und Erwachsene durch den Dom und seine Schätze führen können. Auch ihr seid nun nach dem Lesen des Kinder-Dombuches Experten und könnt das, was euch beim Lesen ganz allein gehörte, weitergeben.

Ich freue mich auf die heutigen und zukünftigen Domexperten!

Eure

Ágnes Wirtz

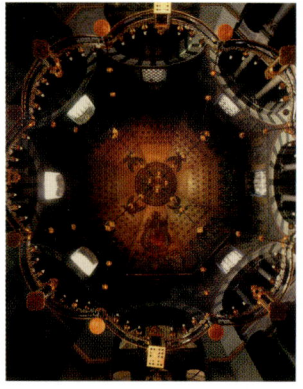

Damit Vergangenheit Zukunft hat!

Der Aachener Dom gehört zu den bedeutendsten Denkmalen in Deutschland. Auch viele andere Bauwerke – Kirchen mit kostbaren Ausstattungen, Burgen, Häuser oder Windmühlen – erzählen Geschichte und Geschichten aus ihrer Zeit.

Für den Erhalt dieser Bauwerke setzt sich die Deutsche Stiftung Denkmalschutz ein. Dafür sammelt sie Spenden. Darüber hinaus möchte sie das Interesse an unserem baulichen Erbe bei Menschen jeden Alters wecken und sie zur aktiven Mithilfe gewinnen.

Seit 1990 konnte die Stiftung bei 2.600 Förderprojekten bewahren helfen. Darunter war in den Jahren 2001 und 2002 auch die Kuppel des Oktogons in Aachen. Viele weitere Denkmale benötigen das Engagement der Bürger.

Jede Spende hilft – damit Vergangenheit Zukunft hat!

Spendenkonto 30 555 55
Commerzbank Bonn · BLZ 380 400 07

DEUTSCHE STIFTUNG DENKMALSCHUTZ

Koblenzer Straße 75 · 53177 Bonn
Telefon 02 28 / 9 57 38-0 · Fax 02 28 / 9 57 38-23